Heinrich Dietrich Müller

Mythologie der griechischen Stämme

Heinrich Dietrich Müller

Mythologie der griechischen Stämme

ISBN/EAN: 9783742816030

Hergestellt in Europa, USA, Kanada, Australien, Japan

Cover: Foto ©ninafisch / pixelio.de

Manufactured and distributed by brebook publishing software (www.brebook.com)

Heinrich Dietrich Müller

Mythologie der griechischen Stämme

MYTHOLOGIE

DER

GRIECHISCHEN STÄMME

VON

HEINRICH DIETRICH MÜLLER.

ZWEITER THEIL.
ZWEITE ABTHEILUNG.

GÖTTINGEN,
VANDENHOECK UND RUPRECHT'S VERLAG.
1869.

Inhalt.

Zweites Buch.

Hermes und Demeter

Hermes-Sâraneyas und die vergleichende Mythologie.

Eine Vorfrage	S.	218
§ 1. Historische Gesichtspuncte für die Untersuchung	„	251
§ 2. Die Fundorte der Untersuchung	„	260
§ 3. Ἑρμῆς	„	269
§ 4. Ἑρμῆς Ἀργειφόντης	„	278
§ 5. Io-Demeter	„	287
§ 6. Demeter in Eleusis	„	295
§ 7. Deutung des Eleusinischen Mythus	„	305
§ 8. Kadmos	„	312
§ 9. Jason	„	326
§ 10. Die Religion des altargivischen Stammes	„	353
§ 11. Der Mythus vom Rinderraube	„	367
§ 12. Geschichte des altargivischen Stammes	„	375
§ 13. Wesen und Stellung des Gottes Hermes in der historischen Zeit	„	392
§ 14. Wesen und Stellung der Göttin Demeter in der historischen Zeit	„	406
§ 15. Schluss	„	415

Sinnstörende Druckfehler:

S. 255 Z. 17 v. o. l. nicht nur nicht nach.
S. 402 Z. 4 v. o. l. dass der Cult.

Zweites Buch.

Hermes und Demeter.

Hermes-Sarameyas

und

die vergleichende Mythologie.

Eine Vorfrage.

Gleich an der Schwelle unserer Untersuchungen tritt uns eine Frage entgegen, deren Entscheidung wir nicht umgehen können. Man glaubt nämlich das Urbild des Griechischen Gottes Hermes in der Indischen Mythologie aufgefunden zu haben. A. Kuhn, der bekannte Herausgeber der Zeitschrift für vergleichende Sprachforschung, ein auch um die Sammlung und Erforschung Deutscher Sagen sehr verdienter Gelehrter, hat diese Entdeckung gemacht und grossen Anklang damit gefunden [1]). Zwar haben die Bearbeiter der Griechischen Mythologie bis jetzt sich mehr ablehnend dagegen verhalten [2]); damit aber oder mit einer und der andren Bemerkung lässt sich die Sache nicht abthun; denn wir haben nicht eine

---

[1]) Haupt Zeitschr. f. Deutsch. Alterth. VI, S. 117 ff.
[2]) Vgl. Welcker Gr. Götterlehre I. S. 343. Anm. 26. Gerhard Gr. Mythol. nimmt gar keine Notiz davon. Preller thut erst in der 2. Aufl. seiner Mythol. der Sache Erwähnung, ohne sich dafür zu erklären.

vereinzelte, auf gut Glück gewagte Behauptung vor uns, sondern ein Glied einer mythologischer Theorie, die im Begriff ist, sich als eine neue Wissenschaft zu constituiren. Da nun unter allem, was diese zu Tage gefördert hat, die Identität des Hermes mit Sârameyas von Kuhn selbst und Andern als eins der sichersten Resultate betrachtet wird [1]), so erscheint es nothwendig, die dafür angeführten Gründe genau zu prüfen. Zudem würde, wenn wir jene Identität anerkennen müssten, jeder Versuch, das ursprüngliche Wesen dieses Gottes aus der Griechischen Ueberlieferung allein zu erforschen, ein thörichtes Unternehmen sein.

'Ερμῆς, sagt Kuhn, ist erst aus 'Ερμείας entstanden, und dies stimmt fast genau mit Sârameyas; der Accent hat zunächst die Ausstossung des a der zweiten Sylbe bewirkt, diese hat die Verkürzung des â der ersten nach sich gezogen, und Sanskr. s im Anlaut findet sich bekanntlich im Griechischen häufig durch den spir. asp. vertreten. Sârameya ist aber der Name zweier vieräugigen Hunde, welche Wächter des (Unterweltsgottes) Yama sind und als seine Boten zu den Sterblichen gehen. Nun findet sich Rigveda V, 22 folgender Hymnus:

1. Vernichter der Krankheit, Hüter des Hauses, der du alle Gestalten annimmst, sei uns ein heilbringender Freund.

2. Wenn du, o glänzender, rothbrauner Sârameyas, dich gürtest, strahlen gewaltig die Waffen über der Rüstung, die leuchtenden. Schlummre ein.

3. Den Räuber belle an, Sârameyas, oder den Dieb, du hin und wieder laufender. Was bellst du gegen die

---

[1]) Kuhn Ztschr. f. vgl. Sprachf. I. S. 449. A. Donary bei Hoffter Relig. d. Gr. u. Röm. 2. Ausg. 1. Heft S. 10. Schwartz Ursprung der Myth. Vorr. S. V. Mommsen Röm. Gesch. I. S. 14.

Sänger des Indra, was bist du zornig gegen uns? Schlummre ein.

4. Du zerreisse das Schwein, dich zerreisse das Schwein. Was bellst du u. s. w.

5. Es schlafe die Mutter, es schlafe der Vater, schlafe der Hund, schlafe der Herr des Stammes; die ganze Familie schlafe; es schlafe überall jedermann,

6. wer da sitzt und wer da wandelt, und welcher Mann uns anblickt; ihre Augen schliessen wir, wie dieses Haus.

7. Der tausendhörnige Stier, der aus dem Meere herbeikam, mit ihm dem starken bringen wir in Schlummer die Menschen.

8. Die bei den Ochsen Schlafenden und die bei den Wagen Schlafenden, die Frauen, die auf dem Bett liegen, die reinlich daſtonden, wie alle bringen wir in Schlummer.

Es kann wohl keinem Zweifel unterliegen, dass der in diesem Liede angerufene Sārameyas der Gott des Schlafes ist, der zu gleicher Zeit als Hüter des Hauses und Bewahrer vor Krankheit erscheint; in einem andern von Colebrooke mitgetheilten Liede erscheint er zugleich als Erhalter und Mehrer des Reichthums an Kühen und Pferden und wird gebeten gnädig zu sein, wie ein Vater gegen seine Söhne. Für den andern Sārameyas halte ich den Genius des Todes, da dieser bekanntlich auch sonst als 'Bruder des Schlafes auftritt. Sārameyas ist nun aber ein Patronymicum oder vielmehr Metronymicum von Saramā, der Götterhündin; die beiden Iluñdo müssen deshalb Söhne derselben sein. Von Saramā ist aber ein Mythus, der in den Vedischen Hymnen mehrmals erwähnt, in den Scholien in verschiedenen Fassungen mitgetheilt wird, bekannt, der etwa Folgendes enthält: Die Pani's hatten aus dem Götterhimmel Kühe geraubt und in einer finstern Höhle verborgen. Saramā ward von Indra abgeschickt, um sie aufzusuchen; diese vernahm beim Suchen der Kühe das Gebrüll derselben und benachrichtigte den Indra davon, der dieselben wieder herausführte. — Nun tritt aber Hermes ganz wie Sârameyas als Schützer der Wohnung auf (Spanheim zu Callim. hymn. in Dian. 142 'Ερμῆς προπύλαιος), als Gott des Schlafes, der die Träume sendet, als Seelenführer. Jedenfalls wird auch in dem Mythus über die Entführung der von Apollon geweideten Götterkühe durch Hermes eine ursprüngliche Uebereinstimmung mit unserm Mythus von dem Raub der Götterkühe und ihrer Aufsuchung durch die Saramâ, des Hermeias Mutter, gewesen sein. Der ursprünglichen Fassung desselben, wie sie offenbar in der Indischen Mythologie vorliegt, stehen die Sagen von Herakles und Geryones, so wie namentlich jene Römische von Hercules oder Recaranus und Cacus noch näher; die grosse Uebereinstimmung der Indischen und Römischen Sage erstreckt sich sogar auf Einzelheiten, wie z. B. dass die Kühe ihren Aufenthalt durch Gebrüll verrathen. Diese bis in das Einzelne gehende Uebereinstimmungen zeigen, dass Griechen und Römer den Indischen Mythus vom Raub und von der Zurückführung der Götterkühe gleichfalls ursprünglich gehabt haben und ihn auch noch später, wenn auch mit manchen Entstellungen bewahrten. Des Hundes geschieht bei beiden keine Erwähnung; allein die Identität des Sârameyas mit dem Hermeias zeigt, dass ihn die Griechen ebenfalls einmal gekannt haben müssen, und es ist leicht denkbar, dass Kerberos, vielleicht zuerst ein Beiwort des Hermes, bei der eigenthümlich Hellenischen Ausbildung der Griechischen Götter als eine besondere Gestalt neben diesem stehen blieb. Dazu kommt, dass die Griechen in dem Aegyptischen Thot, der mit einem Hundskopfe erscheint, ihren Hermes zu erkennen glaubten, und so möchte vielleicht nicht unwahrscheinlich sein, dass auch vom Hermes in älterer Zeit Abbildungen mit einem Hundskopfe oder ähnlichen vom Hunde hergenommenen Attributen vorhanden waren."

So A. Kuhn, dessen Ausführung mit unwesentlichen Verkürzungen und einigen hier nothwendigen Aenderungen in der Ordnung der Darstellung ich wörtlich mitgetheilt habe, um dem Leser das Urtheil über die Sache zu erleichtern und zugleich eine Probe von dem Verfahren dieses Gelehrten, der als Begründer und Hauptvertreter jener neuen Wissenschaft der comparativen Mythologie gelten muss, vor Augen zu legen.

Die Lücken und Mängel der Kuhn'schen Beweisführung sind so in die Augen springend, dass ich kaum für nöthig halten würde, dieselben im Einzelnen hervorzuheben, wenn nicht, wie schon bemerkt, trotz alledem das Resultat derselben entschiedenen Anklang gefunden hätte. Sogleich der Hauptstützpunct, die sprachliche Identität von Sârameyas und Hermeias ist keineswegs unangreifbar. Kuhn muss nämlich Lautveränderungen durch Einwirkung des Accentes annehmen, die zulässig erscheinen, wenn es sich um Vergleichung zweier Wörter handelt, deren Identität bereits durch die Bedeutung feststeht, aber bei Eigennamen, deren Identität lediglich durch die genaueste Uebereinstimmung der Laute erwiesen werden kann, nicht ohne Bedenken sind. Ohnehin hat Kuhn zu bemerken vergessen, dass Skr. e ein Diphthong ist, der aus a + i entsteht, dass folglich auch nach Ausfall des y oder j im Griechischen ein Diphthong $\alpha\iota$ oder $\epsilon\iota$ übrig bleiben musste, dessen weitere Verkürzung zu ϵ zu begründen war [1]). Sodann ist Sârameyas nach Kuhn's

[1]) Dem Sârameyas würde genau ein Griech. *'Ερμηυίας* oder *'Ερμηίας* entsprechen, mit Ausfall des j: *'Ερμαίας*, *'Ερμείας*, mit Vocalisirung desselben: *'Ερμαΐας*, *'Ερμείας*.

eigener Annahme ¹) eine Ableitung von der Wurzel sr oder sar, *ire;* diese Wurzel ist aber keineswegs im Griechischen verschwunden, sondern liegt, wie wir weiter unten (§. 3.) zeigen werden, in einer zahlreichen Familie von Wörtern vor, die, aus einer Verbindung der Wurzel mit den Suffixen ma und mâ ohne irgend einen dazwischen tretenden Bindevocal hervorgegangen sind. Liegt es nun nicht ungleich näher, den Namen Ἑρμῆς mit dieser Wörterfamilie in Zusammenhang zu bringen als mit Sâramêyas? Oder mit andern Worten, ist es nicht gerathen jenen als eine selbständige Griechische Namenbildung ²), nicht aber als eine Copie einer Sanskritischen Ableitung zu fassen? Wir wenigstens werden, so lange die Abhängigkeit der Griechischen Mythologie von der Indischen eine blosse Voraussetzung, keine unumstössliche Thatsache ist, von dem Grundsatze nicht abgehen, dass die Namen der Griechischen Gottheiten zunächst aus der Griechischen Sprache zu erklären sind, ohne übrigens dabei ein Zurückgehen auf das Sanskrit auszuschliessen, wo sich etwa zeigt, dass hier die Wurzel deutlicher sich erkennen lässt.

Aber wollte man nun auch die lautliche Identität der Namen Sâramêyas und Ἑρμείας zugeben, was in aller Welt haben denn sonst die beiden Wesen mit einander gemein? Ich antworte: Geradezu gar nichts. Aber Sâramêyas ist doch der Gott des Schlafes, wie Hermes auch? So behauptet allerdings Kuhn auf Grund des mitgetheilten Hymnus; indessen es ist ganz deutlich, dass in demselben Sâramêyas geboten wird, selbst einzuschlum-

---

¹) a. a. O. S. 131.
²) Für die Selbständigkeit der Griechischen Namenbildung spricht auch die Nebenform Ἑρμάων (Hes. bei Strab. VII. p. 42), die doch nicht als Reflex von Sâramêyas gelten kann.

mern, nicht aber den Schlummer zu verleihen. Das ist auch die von Kuhn selbst mitgetheilte Ansicht Colebrooke's: „The legend belonging to the second of these hymns (es ist der mitgetheilte gemeint) is singular: Vasishtha coming at night to the house of Varuna (with the intention of sleeping there, say some; but as others affirm, with the design of stealing grain to appease his hunger after a fast of three days) was assailed by the housedog. He uttered this prayer or incantation to lay asleep the dog, who was barking at him and attempting to bite him." Sârameyas ist also hiernach überhaupt kein Gott, sondern eben nichts weiter als ein Hund; wozu sein Name, den Mommsen nach Kuhn's Ableitung ganz passend „der Rasche" (genauer: Sohn der Raschen) übersetzt, vortrefflich stimmt, man denke an die κύνες πόδας ἀργοί oder einfach ἀργοί des Homer. Von der Berührung dieses Geschöpfes mit Hermes kann also nicht im Entferntesten die Rede sein, denn die Vermuthung, dass Kerberos ursprünglich ein Beiwort des Hermes gewesen und der Aegyptische Thot um seiner Hundsgestalt willen mit dem Hellenischen Gotte identificirt worden sei, lassen wir billig bei Seite, da sie eben das per conjecturam ergänzt, was allein zu einer Zusammenstellung des Hermes und Sârameyas einigermassen berechtigen könnte. Uebrigens steckt dahinter die mehreren Anhängern der vergleichenden Mythologie sehr geläufige, aber völlig unrichtige Voraussetzung, dass die Gottheiten ursprünglich in Thiergestalt gedacht seien und erst allmählich menschliche Gestalt angenommen hätten.

Weist aber nicht der Rinderraub des Hermes deutlich auf den Indischen Mythus vom Raub der Götterkühe als sein Urbild? So wenig, dass gerade bei diesem Puncte die Befangenheit und Voreingenommenheit Kuhn's in seinem Urtheile am deutlichsten sich zu erkennen gibt.

Denn nicht genug, dass er ohne den geringsten Beweis die Fassung des Mythus, welches in der Indischen Mythologie vorliegt, für die ursprüngliche erklärt, obwohl doch mindestens die Möglichkeit [1]) eines höhern Alters des Griechischen Mythus erwogen werden musste, so hat er auch gänzlich übersehen, dass die Identificirung beider Mythen die behauptete Identität des Sâramcyas und des Hermes völlig aufhebt. Denn nicht Sâramcyas tritt in dem Indischen Mythus auf, sondern seine vermuthliche Mutter, die Saramâ, und auch diese raubt nicht die Kühe, sondern wird vielmehr von Indra ausgeschickt, um die geraubten und versteckten Thiere aufzuspüren. Will man die beiden Mythen parallelisiren, so ist es so klar wie der Tag, dass Hermes den raubenden Pani's, und Indra dem Apollo entspricht. Man müsste folglich in den Pani's das Urbild des Griechischen Hermes nachweisen, wenn man überhaupt noch daran denken wollte, zwei nur durch die zufällige äussere Aehnlichkeit eines symbolischen Ausdrucks, der aber an beiden Stellen etwas ganz Verschiedenes bedeuten kann [2]), sich berührende Mythen aus einer gemeinsamen Quelle abzuleiten.

Ich denke hiermit nicht bloss den Hermes-Sâramcyas aus dem Wege geräumt, sondern auch an einem einzelnen Beispiele deutlich gemacht zu haben, auf welchem Wege ungefähr die „vergleichende Mythologie" ihre angeblichen Resultate zu gewinnen pflegt. Doch können

---

1) Ich sage absichtlich: „die Möglichkeit." Denn wie wenig ich geneigt bin, dem Griechischen Mythus ein hohes Alter zuzuschreiben, zeigt §. 11.

2) Nach der Annahme Kuhn's und Anderer ist hier (wie häufig in den Veden) die Kuh auf die Wolke zu deuten; unten werden wir aber zeigen, dass dasselbe Symbol in den auf Hermes bezüglichen Mythen eine ganz andere Bedeutung hat.

wir dabei nicht stehen bleiben. Denn schon werden Stimmen laut, welche dieser neuen Wissenschaft eine nicht geringere Bedeutung als der Sprachvergleichung, jener grossen Entdeckung unsres Jahrhunderts, zuschreiben und alles Heil der mythologischen Wissenschaft überhaupt und namentlich auch der Griechischen Mythologie von jener abhängig machen möchten. Das muss nun allen denen, welche gleich mir Erfolg nur von einem sorgfältigen und innigen Eingehen in das ganze geistige Leben und in die historischen Verhältnisse des einzelnen Volkes erwarten, als ein unberechtigter Uebergriff erscheinen. Diesem entgegenzutreten halte ich für nothwendig, um wenigstens mein Scherflein dazu beizutragen, dass nicht der Glanz, der auf die vergleichende Mythologie durch ihre enge Verbindung mit der Sprachvergleichung fällt, die Augen allzusehr verblende und von dem in der Mythologie ohnehin so schwer zu findenden rechten Wege ganz und gar abführe [1]). Dabei bevorworte ich aber ausdrücklich, dass ich den Grundgedanken der vergleichenden Mythologie, dass eine gewisse Summe religiöser und mythischer Vorstellungen bereits in dem Indogermanischen Urvolke vorhanden gewesen sei und bis zu einem gewissen Grade allmählich aus der Religion und Mythologie der einzelnen Völker sich werde erkennen

---

[1]) Wer wissen will, wie sich die vergleichende Mythologie ohne Verzierung mit Sprachgelehrsamkeit ausnimmt, den verweise ich auf Schwartz (Ursprung der Mythologie. Berlin 1860. Die poet. Naturanschauungen der Griechen, Römer und Deutschen in ihrer Beziehung zur Mythologie. Band I. Berlin 1864), der in seinen mythologischen Anschauungen A. Kuhn ausserordentlich nahe steht und selbst kein Hehl hat, dass er in seiner Weise auf dasselbe Ziel hinarbeite. Einige Proben aus ersterm Buche habe ich mitgetheilt in meiner Recension Gött. Gel. Anz. 1861. S. 586 ff.

lassen, durchaus nicht verwerfe. Ich bin also kein principieller Gegner der vergleichenden Mythologie, sondern behaupte nur, dass die bis jetzt angewandte Methode sammt ihren Resultaten unrichtig ist.

Den Beweis für diese Behauptung so zu führen, dass wir den Anhängern der vergleichenden Mythologie, wie vorhin bei einem einzelnen Falle, auf allen ihren Irrgängen folgen, ist natürlich unthunlich. Wir müssen uns begnügen, die allgemeinen Voraussetzungen, von welchen dieselben sich leiten lassen, zu prüfen; erweisen sich diese als unrichtig oder wenigstens unwahrscheinlich, so verlieren nicht nur die Resultate, die man bis jetzt gefunden zu haben glaubt, ihren Halt, sondern es wird auch unwahrscheinlich, dass auf gleichem Wege andere von grösserer Sicherheit gefunden werden könnten. Dass wir uns dabei vorzugsweise an A. Kuhn halten, ist durch die Stellung, die dieser Gelehrte zu der Sache einnimmt, von selbst gerechtfertigt [1]).

„Wenn schon, sagt Kuhn in seinem Hauptwerke [2]), bei Erforschung der Grundbedeutung sprachlicher Gebilde im allgemeinen dem Sanskrit in vieler Beziehung der im Ganzen unbestrittene, wenn auch oft missverstandene Vorrang gebührt, so ist dies ganz besonders bei den Begriffskreisen der Fall, in denen die Inder ihre Anschauungen vom Himmel und den Göttern niedergelegt haben. Der Grund für die höhere Bedeutung liegt in der Treue

---

[1]) Da eine Polemik, wie ich sie hier führen muss, nicht von allen Schärfen sich frei halten kann, so will ich nicht unterlassen, zugleich der hohen Achtung, die ich vor den grossen Verdiensten dieses Gelehrten um die Sprachwissenschaft hege, einen ungeheuchelten Ausdruck zu geben.

[2]) Die Herabkunft des Feuers und des Göttertrankes. Berlin 1859.

der Bewahrung seiner ältesten Litteratur. Denn unter den übrigen Indogermanischen Völkern ist keines, dessen echte Quellen so weit zurückreichten, wie die der Inder, in deren Liedern wir mehrfach noch die nomadischen Stämme bald friedlich auf den frischen Weiden des Siebenstromlandes (dessen Hauptgebiet das heutige Pentschab war) im äussersten Nordwesten des heutigen Indiens dahinziehen, bald in wildem Kampfe um eben diese Heerden unter einander oder mit andern Stämmen begriffen sehen, während die schriftlichen Denkmäler der übrigen erst einer Zeit entstammen, wo sie schon zu sesshaften Völkern sich entwickelt und den Ackerbau neben der Viehzucht gewonnen haben. — Alle Indogermanen, von denen wir ausführlichere Mythen besitzen, besassen bereits ein (ihnen gemeinschaftliches) Wort für den allgemeinen Begriff der Gottheit (Skr. dévá, Lat. deus, Gr. θεός, Litt. déwas u. s. w.), und wenn das der Fall war, so zeigen uns die Sprachen derselben, welche durchweg einen Plural des Wortes kennen, dass es nicht etwa die Verehrung eines einigen Gottes war, dem sich die Herzen in heiliger Andacht beugten, sondern dass es mehrere Götter waren, die man anbetete. Wie diese göttlichen Wesen beschaffen gewesen sein werden, lässt sich aber am besten aus den Göttern des Volkes erkennen, das uns in seinen Denkmalen noch auf der frühesten Entwicklungsstufe von allen erscheint, nämlich aus denen der Indor; die Forschung über einst allen gemeinsame Götter hat deshalb im Allgemeinen auf die Vedischen Schriften zurückzugehen, und von diesem Standpuncte aus habe ich in mehreren Aufsätzen die Spuren dieser alten Göttergemeinschaft nachzuweisen gesucht und in denen über Erinnys und Saranyû, über Despoina und Dâsapatnî, an den sich der über die weisse Frau, Athene u. s. w. anschliesst, über Kentauren und Gandharvon, Minos, Manus und Mannus, Rbhus und Orpheus, über Indra und Wuotan, Hermes, Sâramêyas und Wuotan, wie ich glaube, den Beweis geliefert, dass nicht nur die Namen bei den Völkern, bei denen uns reichere Quellen der Mythologie fliessen, sondern auch mit ihnen mehrfach noch ganze Mythen aus jener ältesten Zeit erhalten sind."

An diese der Einleitung des genannten Werkes entnommene Sätze schliesst sich noch aus der Vorrede Folgendes: „Der Weg, den ich eingeschlagen habe, war der, dass ich im Grossen und Ganzen von den Indischen Ueberlieferungen ausging, weil sie, wenigstens für die hier behandelten Mythen, die vollständigsten und zugleich durch ihre Durchsichtigkeit zu sichern Resultaten zu führen geeignetsten sind. Die Naturanschauung der Veden ist oft noch so sehr rein poetische Sprache, dass sie vielfältig erst den Keim enthält, aus der sich wirkliche Mythen entwickeln; von ihr auszugehen, war daher mit Nothwendigkeit geboten, da die mythische Ausdrucksweise keiner andern Sprache mit solcher Klarheit vor uns liegt."

Zwei Voraussetzungen sind es also, auf die Kuhn sich stützt: 1. Das Indogermanische Urvolk kannte und verehrte bereits eine Mehrzahl von Gottheiten. 2. Die Inder haben die Religion und Mythologie des Indogermanischen Urvolks am reinsten bewahrt, namentlich in der Litteratur der Veden. Prüfen wir die dafür angeführten Gründe.

Für den ersten Satz wird angeführt, dass alle Indogermanen ein gemeinsames Wort für den Begriff der Gottheit besassen und ihre Sprachen durchweg einen Plural dieses Wortes kennen. Aber hat dieser Plural etwa eine besondere Eigenthümlichkeit in seiner Bildung, die sich in allen Sprachen wiederfände? Durchaus nicht;

Skr. déva folgt der gewöhnlichen Weise der Wörter auf a, Lat. deus und Griech. θεός gehen ohne irgend eine Besonderheit nach der s. g. zweiten Declination. Stände die Sache etwa so, wie bei dem Plural der persönlichen Pronomina, wo das Vedische asmé, yushmé deutlich auf Griech. ἡμεῖς, ὑμεῖς, die Nebenformen nas und vas auf Lat. nos und vos hinweisen, so würde der Schluss, den Kuhn zieht, für begründet gelten können. Allein was konnte die einzelnen Völker hindern, wenn sie etwa vor ihrer Trennung den Begriff der Gottheit nur in der Einzahl kannten, nachher, bei Entwicklung polytheistischer Anschauungen das dafür überlieferte Wort nach den Regeln ihrer besondern Sprache in der Mehrzahl zu bilden und zu gebrauchen? Kuhn's sprachliches Argument beweist also nur, dass das Indogermanische Urvolk nicht ohne Gottesidee war, entscheidet aber gar nichts darüber, ob dieselbe monotheistisch oder polytheistisch sich entwickelt hatte.

Dagegen würde allerdings ein Polytheismus und noch dazu ein schon in seiner Ausbildung sehr weit vorgeschrittener Polytheismus für das Urvolk angenommen werden müssen, wenn Erinys, Despoina, Kentauren, Minos, Orpheus, Hermes mit den Indischen Wesen Saranyû, Dâsapatnî, Manus, Ṛbhus, Sâramoyas identisch wären, und ausserdem noch andere, wie die beiden Açvin's den Dioskuren [1]), Apollo dem Rudra [2]), Aphrodite der Çri, „der Verkörperung der Morgenröthe" [3]), u. s. w. parallel ständen. Allein wir haben schon oben an dem Beispiel des Hermes-Sâramoyas gezeigt, was für Selbsttäuschungen

---

[1]) Haupt Ztschr. a. a. O. S. 130.
[2]) Herabk. d. F. S. 203. 238. Ztschr. f. deutsche Mythol. III. S. 381.
[3]) Herabk. d. F. S. 251.

und Irrthümer bei diesen Identificirungen und Parallelisirungen mit unterlaufen können, und es wird uns hinsichtlich der übrigen hier aufgezählten Wesen nicht günstiger stimmen, wenn wir sehen, dass Aphrodite, die entschieden Semitische Göttin, und die Dioskuren, die Stammesgötter der Leleger, eines unhellenischen und wahrscheinlich ebenfalls Semitischen Stammes, nun auch ihre Urbilder in der Indischen Mythologie wiederfinden sollen. Auch wird sich jeder, der mit der mythologischen Litteratur vertraut ist, erinnern, dass, in diametralem Gegensatze zu Kuhn's Ansichten, Versuche, die Griechischen Gottheiten von den Aegyptern und Phöniciern herzuleiten, mehrfach gemacht und mit Gründen unterstützt sind, welche den Vertretern und Anhängern dieser Ansichten triftig genug zu sein schienen und noch scheinen. Es ist nun einmal in der Mythologie bei der Beschaffenheit des Materials und bei der ungeregelten Weise der Forschung, die hier leider üblich ist, gar leicht möglich, für jede auch noch so irrige Ansicht irgend welche Scheingründe beizubringen und Unerfahrene damit zu bestechen. Müssen wir also schon hiernach die Beweiskraft jener versuchten Identificirungen für die Annahme einer polytheistischen Urreligion in Frage stellen, so schwindet dieselbe völlig durch den von mir durch eingehende Untersuchungen gelieferten Nachweis, dass der Griechische Polytheismus aus einer erst auf Griechischem Boden durch geschichtliche Ereignisse vermittelten Vereinigung von Stammesgottheiten hervorgegangen ist, also nicht einmal in dem Griechischen Urvolke, geschweige denn in dem Indogermanischen Urvolke vorhanden gewesen sein kann [1]).

---

[1]) Höchstens könnten einige in unbestimmter Anzahl angenommene Wesen untergeordneter Art (z. B. die Nymphen) als gemeinsames Erbgut zunächst der Griechischen Stämme angesehen werden.

— 233 —

Wir wenden uns zu der andern Voraussetzung Kuhn's. Der Hauptgrund, den er für diese geltend macht, ist das hohe Alter der Indischen Litteratur, namentlich der Veden. Kuhn spricht sich nicht darüber aus, wie hoch er dieses Alter schätzt; wir wollen ihm zunächst jede Schätzung, so hoch sie gehen mag, zugeben und die Frage aufwerfen, ob die Folgerung, die er zieht, daraus mit Nothwendigkeit hervorgeht. Darüber liesse sich nun wohl viel hin und her streiten; allein Kuhn hat sich des Rechtes, sie in seinem Sinne zu entscheiden, selbst begeben. Denn nicht nur schreibt er öfter abergläubischen Meinungen und Gebräuchen der allerjüngsten Quelle, nämlich den in unserer Zeit aus dem Munde des Volkes gesammelten und aufgezeichneten, ein sehr hohes Alter zu [1]), sondern er stellt auch für die Griechische Mythologie den allgemeinen Grundsatz auf, dass „verhältnismässig spät erscheinende Mythen oft gerade ältere und echtere Züge enthalten, als die von Homer, Hesiod und den ältern Dichtern überlieferten" [2]). Ich denke, was dem Einen recht ist, das ist dem Andern billig; gibt das höhere Alter Homer's, Hesiod's u. s. w. keine Garantie, dass sie Aelteres und Echteres bieten, als verhältnismässig junge Quellen, so liegt auch in dem vermeintlichen hohen Alter der Veden, die doch ebenfalls nicht unmittelbare Volksüberlieferung, sondern Producte der Poesie sind, kein Grund, sie ohne weiteres dem Homer und Hesiod vorzuziehen [3]). Nun ist es aber mit dem Alter der Veden eine eigen-

[1]) Vgl. z. B. Herabk. d. F. S. 218. 221.

[2]) a. a. O. S. 177, vgl. Ztschr. f. D. Mythol. III. S. 371.

[3]) Uebrigens darf auch nicht unbemerkt bleiben, dass Kuhn häufig aus jüngern Indischen Quellen, selbst aus späten Scholiasten schöpft, da die Veden sich oft auf kurze und für sich nicht recht verständliche Andeutungen beschränken.

thümliche Sache. Bestimmtes wissen wir darüber nicht;
nach Anhaltspuncten, deren Werth ich dahin gestellt
sein lassen will, setzt man dieselben ungefähr in
das Jahr 1000 vor Chr. Geb., aber wohlverstanden,
nur die älteren Stücke derselben. Denn es gilt für
ausgemacht, dass auch viele Stücke bedeutend jüngern
Ursprungs, manche vielleicht auf das sechste Jahrhundert
herabzusetzen sind [1]). Ist also für die Vedische
Dichtung im Allgemeinen der Zeitraum 1000 — 600 anzusetzen,
und fehlt es bis jetzt an hinlänglich sichern
Kriterien, um die ältern Stücke von den jüngern zu
sondern, so stellt sich jener die Homerische Dichtung
in der Zeit im Ganzen parallel. Denn das haben die
Untersuchungen über diese mit völliger Sicherheit ergeben,
dass die Anfänge derselben mindestens bis ins 10te
Jahrhundert zurückreichen und ihr Abschluss in die Zeit
des Pisistratus fällt [2]). Dazu kommt aber noch, dass

---

[1] Lassen Indische Alterthumskunde I. S. 735 fg. Derselbe
ist freilich geneigt die Zeit der Abfassung der Hymnen noch höher
hinaufzurücken, ohne indessen zu verkennen, dass sich der
Zeitraum, der zwischen der von ihm muthmasslich in das siebente
Jahrhundert gesetzten Sammlung der Texte und ihrer Abfassung
verflossen sei, nie genau werde bestimmen lassen (S. 739).

[2] Viele sind bekanntlich geneigt, die ersten Lieder über
den Trojanischen Krieg, die nachher in die Ilias verarbeitet seien,
in das zwölfte Jahrhundert zu setzen. — Wie es übrigens zugeht,
dass die Vedische Dichtung, obwohl der Homerischen im
Ganzen gleichzeitig, dennoch in der Sprache einen bedeutend
alterthümlichern Charakter zeigt, das zu erklären ist nicht meine
Aufgabe. Doch liegt auf der Hand, dass früherer Gebrauch der
Schrift und engere Verbindung mit dem Cultus eingewirkt haben
kann. Auch gibt es analoge Erscheinungen genug: man denke
z. B. an die Beibehaltung des Homerischen Dialects auch in den
spätern epischen Dichtungen und an die Erhaltung der Lateinischen
Sprache als Cultussprache der abendländischen Kirche.

die Bearbeiter der Griechischen Mythologie, mit Ausnahme einer kleinen Fraction, die aber jetzt wohl ausgestorben sein wird, sämmtlich im Homer nicht die älteste und reinste Quelle für die Griechische Mythologie erkennen, sondern ein Hinausgehen über denselben für nothwendig und, namentlich mit Hülfe der landschaftlichen Culte und Mythen, für möglich halten, und ich selbst denke unter andern an der Religion des Achäischen Stammes gezeigt zu haben, dass wir in die religiösen Zustände einer Periode, welche mehrere Jahrhunderte vor den Anfängen der Homerischen Poesie liegt, einen klaren und sichern Blick thun können. Ob Aehnliches jemals auf dem Gebiete der Indischen Mythologie möglich sein wird, will ich nicht entscheiden; vor der Hand ist es nicht der Fall. Bis jetzt also steht die Griechische Mythologie hinsichtlich des Alters ihrer Quellen der Indischen nicht nur nach, sondern sie hat sogar in dieser Beziehung einen erheblichen Vorzug.

Aber wenn nicht das höhere Alter, so kann doch die innere Beschaffenheit der Indischen Ueberlieferungen denselben den Vorrang sichern. Ich gebe diesen Satz in seiner allgemeinen Fassung vollkommen zu, frage also nur, ob wirklich die Indischen Ueberlieferungen für älter oder richtiger für alterthümlicher gelten können, als die andern, namentlich die Griechischen. Kuhn führt zur Rechtfertigung seiner auf dieser Voraussetzung ruhenden Methode an: „Die Indischen Ueberlieferungen sind durch ihre Durchsichtigkeit zu sichern Resultaten zu führen am geeignetsten: die Naturanschauung der Veden ist oft noch so sehr rein poetische Sprache, dass sie vielfältig erst den Keim enthält, aus dem sich wirkliche Mythen entwickeln." Aehnlich sagt er an einer andern Stelle [1]:

---

[1] Ztschr. f. vgl. Sprachf. I. S. 528.

„Die Vedischen Götter sind meist noch so sehr die einzelne Naturerscheinung, dass sie noch kaum Personen geworden, eben erst die in ihnen waltende göttliche Macht sich zu gestalten anfängt; darum hat man bei fast allen auf die Naturerscheinung zurückzugehen, um sich zugleich ihre Gestalt vergegenwärtigen zu können." Hat Kuhn hierin Recht — und ich sehe keinen Grund zu widersprechen — so ziehe ich unter Verweisung auf das, was ich in der Abhandlung über den wissenschaftlichen Begriff des Mythus gesagt habe, daraus den Schluss, dass die Vedische Mythologie entweder niemals eine eigentliche Mythologie gewesen oder bereits sehr entartet ist; sie überliefert nicht sowohl altmythische Anschauungen [1]), als vielmehr mythisch-poetische Allegorieen, die sich in manchen Beziehungen mit den allegorischen Anschauungen der Hesiodischen Theogonie vergleichen lassen, deren jüngerer Ursprung unzweifelhaft ist. Und ein flüchtiger Blick in die Veden genügt, um dies zu bestätigen. Wenn z. B. Soma, der Göttertrank d. h. zunächst ein berauschender Trank, dessen man sich beim Opfer bediente, geradezu als Gott angerufen wird, wenn Agni, der so hoch und viel gefeierte, durch Namen (agnis = Lat. ignis) und Attribute sich deutlich als das heilige Feuer darstellt, wenn sogar von ihm geradezu gesagt wird, dass er durch das Reiben zweier Hölzer erzeugt werde, so haben wir offenbar nicht Mythus, sondern klare und durchsichtige Allegorie vor uns. Nur derjenige also, der von der unbegründeten Voraussetzung des hohen Alterthums solcher Ueberlieferungen geleitet sich aus ihnen seine Ansichten über den Ursprung

---

[1]) Dass nicht auch echte altmythische Anschauungen in den Veden vorkommen können, ist damit nicht ausgeschlossen; sie müssen jedoch erst mit Vorsicht herausgesucht werden.

des Mythus und den Gang seiner Entwicklung gebildet hat, kann darin die Urbilder und Anfänge der Indogermanischen Mythologie erblicken.

So ist denn also auch von dieser Seite her der Anspruch der Indischen Ueberlieferungen auf höheres Alterthum unhaltbar. Und kann man denn von der ganzen geistigen Disposition und dem Character des Indischen Volkes etwas Anderes erwarten? Diese glühende, dem Abenteuerlichen und Ungeheuerlichen mit Vorliebe sich hingebende Phantasie, diese Neigung zur Superstition, die durch eine rigorose Priesterherrschaft noch genährt und gesteigert wurde, dieser Mangel an allem geschichtlichen Sinn — sind sie nicht deutliche Fingerzeige, dass das Indische Volk am allerwenigsten geeignet war, die alten religiösen und mythischen Ueberlieferungen des Indogermanischen Urvolkes getreu zu bewahren?

Sind demnach die Voraussetzungen, von denen die vergleichende Mythologie ausgeht, mindestens im höchsten Grade unsicher, so kommt auch noch hinzu, dass die Methode derselben und die mythologischen Grundanschauungen, mit denen sie operirt, keineswegs geeignet sind, Vertrauen zu erwecken. Die Etymologie der Namen ist bei fast allen, die sich bei diesen Untersuchungen betheiligen, ein Hauptmittel der Forschung wie des Beweises. Manche, wie z. B. Pott, bringen kaum etwas Anderes als Etymologieen vor. Und wenn nun schon nicht zu verkennen ist, dass die vergleichende Sprachforschung ihnen ganz andere und bessere Hülfsmittel in die Hände gibt, als andern etymologisirenden Mythologen, so kann doch nun einmal den Etymologen bei Eigennamen, und nicht am wenigsten bei mythischen, alle Sprachgelehrsamkeit nicht vor Irrthümern schützen, wie sich denn solche namentlich bei Pott in Menge finden; und davon abgesehen reicht eine sprachlich richtige Etymologie, worauf ich schon oft aufmerksam gemacht habe, durchaus nicht hin, um das Wesen einer mythischen Persönlichkeit richtig zu bestimmen. Gilt dies im Allgemeinen, so hat sich die vergleichende Mythologie noch den besondern Fehler zu Schulden kommen lassen, überall, wo sie im Stande war oder im Stande zu sein glaubte, für zwei Namen, z. B. einen Griechischen und einen Indischen, dieselbe Wurzel und gleiche Bildung nachzuweisen, Identität im Wesen vorauszusetzen, selbstverständlich in der Weise, dass dem Indischen der Vorzug höhern Alterthums und treuerer Bewahrung des Ursprünglichen beigemessen wurde. Ist es denn aber so undenkbar, dass — von Sâramëyas und Hermes abgesehen — z. B. Saranyû und Ἐρινύς beide von der gleichen Wurzel sr oder sar in jeder Sprache selbständig gebildet wurde, und das eine Volk meinetwegen damit die eilende Sturmwolke [1]), das andere die dem Mörder und Uebelthäter nachjagende Rachegöttin bezeichnete, und musste nothwendig die Rachegöttin aus der Sturmwolke hervorgehn? Ist es überhaupt nur zulässig, Φλέγυς, Φλεγύας als eine Griechische Copie von Bhrgu zu betrachten, da doch dieser, wenigstens nach Kuhn's Deutung [2]), der Blitz, jener der Heros eponymos eines wirklichen Griechischen Volksstammes ist, dem doch Niemand das Recht abstreiten kann, sich von dem Griechischen Verbum φλέγω einen Namen zu geben, der ihn etwa als den „Glänzenden" bezeichnen sollte? Muss Δέσποινα mit den sehr dunkeln Gestalten der Dâsapatnî's identificirt

---

[1]) Ztschr. f. vgl. Sprachf. I. S. 144 ff. Uebrigens muss ebendas. S. 454 Kuhn zugeben, dass auch in diesem Falle die Uebereinstimmung der Namen keine ganz genaue ist, da das anlautende Sanskr. s im Griech. eigentlich zu spir. asp, werden muss.

[2]) Herabk. d. F. S. 10.

werden ¹), da doch nicht nur das Griechische Wort ein
gebräuchliches und zur Bezeichnung einer Göttin wohl
geeignetes Appellativum ist (δέσποινα = ἄνασσα), sondern auch im Sanskrit der erste Theil des Compositums,
dâsa, ursprünglich gar keine mythische Beziehung enthält, sondern nur den Sklaven bedeutet ²)? Wir könnten noch manche Fragen dieser Art thun, wenn wir es
nicht vermeiden müssten, allzusehr in die Einzelheiten
einzugehen, damit diese Abhandlung nicht etwa zu einem Buche anschwelle ³). Doch wollen wir noch auf
einige Puncte hinweisen, die, gehörig beachtet, die vergleichende Mythologie vor manchem Misgriffe hätte bewahren können. Die beste und sicherste Etymologie,
die das Sanskrit der Griechischen Mythologie suppeditirt
hat, ist die des Namens Ζεύς, dem Skr. dyaus vollkommen entspricht. Nun ist aber das Sanskritische Wort
ein Appellativum femin. gen., und nur in einigen Vedischen Stellen kommt dasselbe als eine dürftige und
vollkommen durchsichtige Personification männlichen Geschlechts vor, welche für die Indische Mythologie noch
nicht einmal von solcher Bedeutung ist, wie Uranus für
die Griechische ⁴). Vergleichen wir damit den Helleni-

¹) Ztschr. f. vgl. Sprachf. I. S. 465 f.
²) Benfey Gött. Gel. Anz. 1861. S. 138 f. dâspatis heisst
„Gebieter des Sklaven", dâspatnî ist das fem. dazu.
³) Ueber einige von M. Müller mit Hülfe der Etymologie
versuchte Herleitungen Griechischer Wesen aus dem Indischen
vgl. Curtius Grunds. d. Griech. Etymol. I. S. 97 f.
⁴) M. Müller Edinb. Review 1851 Oct. S. 385: It is true,
in the Commentaries dyaus is always explained by the resplendent sky. But it may be observed in the hymns of the Veda,
that the word dyaus, which is a feminine, is sometimes used as
a masculine, and in these cases it always means the god Dyaus.
Thus we read in the Rig-Veda: „When the pious man offers
his morning libation to the great Father Dyaus, he trembles all

schon Zeus, den Stammesgott der Achäer und das Oberhaupt der Olympier, so stehen wir offenbar vor der Alternative, entweder in dem Vedischen Dyaus ein verblasstes und verkümmertes Wesen zu sehen, welches von seiner ursprünglichen Bedeutung wenig oder nichts bewahrt hat, oder den Hellenischen Gott in seiner concreten Gestalt für ein selbständiges Gebilde des Hellenischen Geistes gelten zu lassen, das nur im Namen und der dadurch angedeuteten physischen Beziehung mit jenem sich berührt [1]). Umgekehrt ist Varuna bei den Indern ein wirklicher Gott — des Himmels und des Meeres [2]); der im Namen genau entsprechende Griechische Οὐρανός

---

over, as he becomes aware that the archer sent forth from his mighty bow the bright dart that reaches him, and, brilliant himself, gave his own splendour unto his daughter, the Dawn." Moreover, Aurora is frequently called duhitā Divah, which is usually translated by the „daughter of the sky." Also die Morgenröthe eine Tochter des Himmels — eine einfache Personification, wie sie von Dichtern aller Zeiten leicht gebildet werden kann.

[1]) Vgl. Benfey Ztschr. Orient und Occident I. S. 48: „Es lässt sich mit Entschiedenheit nachweisen, dass Indra an die Stelle des Gottes des Himmels (Dyaus) getreten ist. Als das Sanskritvolk den gemeinsamen Boden verliess, wo ihm und seinen Geschwistern der leuchtende Himmelsglanz — in Folge des dort herrschenden Klima's — als das heiligste erschien, und sich in dem heissen Indien niederliess, wo des Himmels Glanz verderblich und nur sein Regen wohlthätig wirkt, musste sich diese Seite des Himmelsgottes als die anbetungswürdigste hervorkehren, so dass das Epitheton pluvius gewissermassen die übrigen der Dyauh pitar absorbirte. Dies fand seinen Ausdruck in dem Namen Indra" u. s. w. Damit ist aber zugestanden, dass der Gott Indra eine selbständig entwickelte national-Indische Gottheit ist. Das Gleiche nehmen wir für den Hellenischen Zeus in Anspruch.

[2]) Lassen Ind. Alt. I. S. 758 ff.

dagegen nur eine kosmogonische Potenz ohne eigentlich religiösen Character. Beide haben nichts als den Namen mit einander gemein, und die Voraussetzung, dass Uranos ehemals auch im Wesen mit dem Indischen Varuna sich gedeckt, diese Bedeutung aber im Laufe der Zeit eingebüsst habe, würde durch nichts zu rechtfertigen sein. Diese beiden Fälle scheinen schon zu dem Schlusse zu genügen, dass zwar gewisse gemeinsame Grundanschauungen in der Indischen und Griechischen Mythologie vorliegen und durch sorgfältige Untersuchungen ans Licht gezogen werden können, dass aber die concreten Gestalten der einen wie der andern selbständige Gebilde des besondern Volksgeistes sind, und folglich eine Herleitung Griechischer Gottheiten von Indischen eben so unzulässig ist, als die Vedischen Gottheiten für Reflexe der Homerischen gelten können.

Wir haben vorhin gesagt, dass auch die mythologischen Grundanschauungen der vergleichenden Mythologen kein Vertrauen zu erwecken vermöchten. Wir dachten dabei vorzugsweise an Kuhn, welchem umfassendere und tiefere mythologische Studien als den meisten andern zu Gebote stehen. Bei ihm begegnen wir nun der Ansicht, dass die Mythologie der Inder, Griechen, Germanen und überhaupt aller Indogermanischen Völker auf Naturanschauung beruhe, und zwar sind es namentlich die atmosphärischen Erscheinungen, auf welche er bei seinen Deutungsversuchen immer wieder zurückkommt. Wolken, Blitz, Regen, Sturm, Ungewitter, mitunter auch die Morgenröthe und die Sonne, vorzugsweise im Kampfe mit dem Gewitter — das sind die Elemente, aus denen er die Mythologie entstanden glaubt, und der Scharfsinn, den er bei Durchführung dieser Ansicht entwickelt, die Combinationsgabe und die aus den entlegensten Quellen schöpfende Gelehrsamkeit, die ihn dabei unterstützt,

arregen oft Bewunderung. Allein wie oft er auch zu den
künstlichsten Vermuthungen greifen, wie er sich drehen
und wenden muss, um nur eine leidliche Probabilität für
seine Ansichten zu gewinnen, das kann ihm unmöglich
verborgen geblieben sein [1], eben so wenig, dass die Ge-
bäude, welche er aufführt, grösstentheils ganz zusammen-
stürzen müssen, wenn man jene atmosphärischen Erscheinungen nicht als die Elemente der Mythologie anerken-

---

[1] Er räumt dies gelegentlich selbst ein; so z. B. wenn er
Ztschr. f. vgl. Sprachf. I. S. 440 sagt: „Sollte aber hier und da
die Vereinigung der Thatsachen durch das blosse Band der Vermuthung hergestellt werden müssen, namentlich da, wo es Indische Mythen gilt, so möge man eingedenk sein, dass die
Hülfsmittel für Sicherheit der Arbeit auf diesem Gebiete noch
oft mangeln, und landschaftliche Sonderung der Mythen, wie sie
in einzelnen Liedern unzweifelhaft hervortritt, für jetzt noch
fast ganz unmöglich ist." Uebrigens stellt Kuhn nicht bloss die
Vereinigung der Thatsachen durch blosse Vermuthung her,
sondern gar nicht selten die Thatsachen selbst. Ein Beispiel der
Art haben wir schon oben bei Hermes gehabt (die ursprüngliche
Hundsgestalt des Gottes). Aehnliches findet sich oft. So wird
in der Abhandlung über die Sagen von der weissen Frau (Ztschr.
f. Deutsche Mythol. S. 368 ff.) unter andern aus der Lahmheit
des (angeblichen Donnergottes) Hephaistos geschlossen, dass auch
Donar einst lahm gewesen sei (S. 387). Noch weiter geht er
freilich in der Annahme von Entstellungen aller Art, so dass es
ihm z. B. nichts verschlägt, aus einem armen Schäfer, einer beliebten Figur der deutschen Volkssage, einen Helden von göttlicher Abstammung oder gar einen Gott zu machen (ebendas. S.
386. 387). Diese Weise, mit der man allenfalls eine Brücke über
den Ocean schlagen könnte, verdankt Kuhn wohl seiner Beschäftigung mit der Deutschen Mythologie, wo das Beispiel J.
Grimm's eine ähnliche Manier begünstigt und gewissermassen
sanctionirt hat. Was aber hier mit dem Mangel an unmittelba-
ren Quellen sich allenfalls entschuldigen lässt, das wird, auf die
Griechische Mythologie, welcher die reichsten und besten Quellen fliessen, übertragen, zu einem entschiedenen Fehler.

nen kann. Und dass wir in der Lage sind, die Richtigkeit dieser Ansicht wenigstens für die Griechische Mythologie durchaus zu negiren, brauchen wir nicht erst zu sagen, da wir ähnliche Ansichten Griechischer Mythologen — Forchhammer's, Lauer's und Preller's, mit denen sich Kuhn auch im Einzelnen oft sehr nahe berührt — häufig genug und, wie wir hoffen, nicht ohne Erfolg bekämpft haben. Doch möge auch hier noch ein einzelner Fall zeigen, wie weit Kuhn oft von dem Richtigen abirrt. Von der Geburt des Dionysos Zagreus melden spätere Quellen: Demeter hatte ihre Tochter Persephone, welcher Zeus nachtrachtete, in einer Höhle verborgen, aber Zeus verwandelte sich in eine Schlange, überlistete die Persephone, und diese gebar darauf den Zagreus mit einem Stierhaupte. Diesen Mythus deutet Kuhn [1]) als eine „ursprüngliche Naturanschauung, die aus der Verbindung des Blitzes mit der Wolke (Zeus als Schlange = Blitz, Persephone als Jungfrau in der Höhle des Wolkenberges = Wolke [2])) den Regen (den Dionysos) hervorgehen liess." Nach meinen Principien erkenne ich in jener Erzählung einen theologischen Mythus, spätern Ursprungs schon wegen der Verbindung der Gottheiten dreier verschiedenen Stämme. Dionysos

---

[1]) Herabk. d. F. S. 166.

[2]) Es ist nämlich für Kuhn eine ausgemachte Sache, dass, wo die Mythen einen Berg erwähnen, darunter der Wolkenberg zu verstehen sei. „Fels und Wolke sind den Indogermanen synonyme Begriffe." Herabk. d. F. S. 213. Bei den Indern der ältern Zeit bedeuten alle Ausdrücke für Fels und Berg zugleich Wolke." Ztschr. f. deutsche Mythol. III. S. 378. Wir bestreiten das Letztere nicht, wohl aber, dass das Gleiche von allen Indogermanen gelte. — Man sollte überhaupt nicht so leicht damit bei der Hand sein, die oft sehr barocken Bilder der Veden als Urtypen Indogermanischer Symbolik aufzufassen.

Zagreus ist der chthonische Gott¹); diese seine Eigenschaft soll mythisch begründet werden; darum wird er von der Göttin der Unterwelt in der Höhle d. h. in der Unterwelt geboren, und Zeus, sein Vater schon in der gewöhnlichen Auffassung, verwandelt sich um des willen bei seiner Zeugung ebenfalls in ein chthonisches Wesen, die Schlange. Wo bleibt denn da die angebliche Naturanschauung? Wenn wir nun bei andern Gelegenheiten angewiesen werden, die Göttin Demeter für die Gewitterwolke ²), den Gott Poseidon für den im Gewitter herrschenden oder in den Wolken gebietenden Lichtgott ³), die Homerische Ὄσσα für den Donner ⁴), Persephone-Despoina für das Wolkenwasser ⁵) zu halten, wenn wir ferner bei ihm ⁶), mit besonderer Beziehung auf die Griechische Mythologie, den Satz lesen, dass „die ältere Religion auf reiner Naturanschauung beruhe und daraus erst die ethische und politische Anschauungsweise sich entwickelt habe, so zwingt uns Alles, was wir von Griechischer Mythologie verstehen, dazu, unser Urtheil

---

¹) S. oben S. 44 f.
²) Ztschr. f. vgl. Sprachf. I. S. 454 vgl. Ztschr. f. Deutsche Mythol. III. S. 373.
³) Ztschr. f. vgl. Sprachf. I. S. 457.
⁴) ebendas. S. 463.
⁵) ebendas. S. 466 vgl. Ztschr. f. Deutsche Myth. III. S. 374, wo dies so weiter ausgeführt wird: „Den in den Schoss der leuchzenden Erde hinabgesendeten Gewitterregen, d. i. Despoina, raubt der Gott, der in der Unterwelt gebietet, und führt sie in seine Hallen, von wo sie ihren Segen aus tausend Keimen emporspriessen lässt; hier weilt sie in den unterirdischen Quellen während der einen Hälfte des Jahrs, um beim Beginn der andern in luftigen Nebeln emporzusteigen, bis der ewig wiederkehrende Jahreslauf sie wieder hinabführt in die Arme des finstern Gatten."
⁶) Ztschr. f. Deutsche Mythol. III. S. 385.

kurz dahin zusammenzufassen: Kuhn's mythologische Ansichten sind, so weit sie die Griechische Mythologie berühren, durch und durch falsch; sind sie für die Indische Mythologie, was hier nicht in Frage gestellt wird, mehr berechtigt, so ist das nur ein Beweis mehr, dass es verkehrt ist, die Griechische Mythologie aus der Indischen ableiten und erklären zu wollen.

Ich denke meinen obigen Ausspruch, dass die in der vergleichenden Mythologie bis jezt angewandte Methode sammt ihren Resultaten unrichtig sei, genügend gerechtfertigt zu haben, soweit dies auf geringem Raum möglich war. Ich habe dort aber auch hinzugefügt, dass ich kein principieller Gegner der vergleichenden Mythologie sei; man kann also von mir verlangen zu erfahren, welchen Weg ich eingeschlagen wissen will. Im Wesentlichen denselben, welchen auch die Sprachvergleichung einschlagen muss und eingeschlagen hat. Es wird doch hier Niemanden einfallen, ohne rechtes Verständnis der einzelnen Sprachen beliebige Worte vielleicht aus spätester Sprachperiode zusammenzustellen nach einem bloss äusserlichen Gleichklange; so soll man auch nicht dasselbe oder Aehnliches in der Mythologie thun. Die erste Aufgabe wird also hier sein, ein sicheres Verständnis der einzelnen Mythologieen zu gewinnen. Dies kann nur hervorgehen aus einer klaren Einsicht in das Wesen des Mythus überhaupt und in die Bedingungen der besonderen Gestaltung und Entwicklung des Mythus bei den einzelnen Völkern. Dazu ist aber erforderlich: Kenntnis des Characters und des ganzen geistigen Horizontes des betreffenden Volkes, genaue Bekanntschaft mit den geographischen und geschichtlichen Bedingungen seiner Existenz und vor allem eine hinlängliche Quellenkunde, welche nicht nur die Ueberlieferung vollständig zu überschauen vermag, sondern auch die Mittel besitzt, das Alter und die Zuverlässigkeit derselben zu prüfen und das Verhältnis festzustellen, in welchem dieselbe zu der Urquelle aller Mythologie, dem Volksmunde und Volksgeiste, steht¹). Mit diesen Mitteln ausgerüstet hat man alsdann das Aeltere von dem Jüngern gehörig zu sondern und die Summe und die Gestalt derjenigen Mythen und mythischen Persönlichkeiten ausfindig zu machen, welche der Urzeit des einzelnen Volkes angehören, und erst wenn das bei mehreren oder doch mindestens bei zwei Völkern geschehen ist, kann man daran denken zu vergleichen und durch diese Vergleichung zu bestimmen, was davon dem Indogermanischen Urvolke zu vindiciren, was der geistigen Arbeit des einzelnen Volkes zuzuschreiben ist. Man wird mir vielleicht einwerfen, dass ich Forderungen aufstelle, die sich nicht erfüllen lassen. Mag sein, aber dann wird auch eine Wissenschaft der vergleichenden Mythologie in dem Sinne, wie man eine vergleichende Sprachforschung hat, in das Reich der Träume zu verweisen und höchstens nur in einzelnen Fällen zu gestatten sein, auf verwandte und analoge Erscheinungen bei den verwandten Völkern hinzuweisen. Indessen bin ich der Meinung, dass wenigstens bei den Griechen jene Forderungen sich erfüllen lassen; meine mythologischen Arbeiten haben von Anfang an dieses Ziel im Auge gehabt, und zwar gedenke ich dasselbe mit Hülfe einer comparativen Methode zu erreichen, die freilich nicht äusserlich der Sprachvergleichung entlehnt, sondern aus der besonderen Lage der Sache entnommen ist. Wie ich dieselbe verstehe und zu handhaben suche, liegt zwar schon theilweise vor ²), aber ich will doch mit einigen Worten deutlich zu machen suchen, wie ich mit Hülfe

---

¹) Wie übel es noch in allen diesen Stücken mit der Quellenforschung in der Indischen Mythologie aussieht, lässt schon die oben (S. 242. Anm. 1) mitgetheilte Bemerkung erkennen.

²) S. oben S. 24 ff.

derselben einer vergleichenden Mythologie vorzuarbeiten hoffe.

Es ist, wenigstens für die Griechische Mythologie, vollkommen klar, dass die historischen und explicativen Mythengebilde der besondern Entwicklung nicht nur des einzelnen Volks, sondern sogar der einzelnen Stämme und Stammesbruchtheile angehören. Diese kommen also für die comparative Mythologie gar nicht in Betracht [1]), eben so wenig jene mythisch-poetischen Personificationen, welche schon durch ihre Namen, die gewöhnliche Appellativa der gewöhnlichen Griechischen Sprache sind, ihren spätern Ursprung deutlich verrathen, wie die Chariton [2]), Gaia, Selene, Themis, Eros u. s. w. Es bleiben also nur die religiösen Mythen und die Göttergestalten, an welche sich dieselben anknüpfen. Dass nun auch diese zunächst nicht in dem Ganzen des Griechischen Volkes, sondern in den Stämmen ihre Wurzel haben, denke ich als erwiesen annehmen zu dürfen. Es sind folglich zuerst die Mythen und Gottheiten der einzelnen Stämme für sich ins Auge zu fassen und so zu bearbeiten, dass über den Inhalt und die Gestalt der Stammesmythen und Stammesgottheiten zur Zeit der abgesonderten Existenz der verschie-

---

[1]) Es gehört nicht zu den kleinsten Fehlern der vergleichenden Mythologen, dass sie in der Regel die bei den Griechen so zahlreichen historischen Mythen gar nicht als solche erkennen, sondern dieselben unbedenklich in den Kreis ihrer Naturanschauungen ziehen. Sie können sich freilich dafür auf das Beispiel Forchhammer's berufen, den ich indessen I. S. 88 ff. 278 f. hinlänglich zurückgewiesen zu haben glaube.

[2]) Den Versuch M. Müller's, die Griechischen Χάριτες auf die haritas, die Vedischen Sonnenrosse, zurückzuführen, hat schon Curtius Grundz. d. Gr. Etym. S. 97 abgewiesen. Die Wiederaufnahme und Weiterführung dieses Versuchs durch W. Sonne (Ztschr. f. vgl. Sprachf. X. S. 96 ff.) leidet an einer chaotischen Verwirrung.

denen Stämme in der Hauptsache kein Zweifel mehr sein
kann. Das geschieht vermittelst einer comparativen Methode, welche die in landschaftlichen und localen Verzweigungen vorliegenden Mythen und Culte eines und
desselben Stammes neben einander hält und das diesen
Gemeinschaftliche, das eben darum als Gemeingut des
ganzen Stammes gelten muss, zu bestimmen sucht. Das
ist die erste Stufe der Vergleichung. Die zweite Stufe
hält alsdann die Mythen und Culte der verschiedenen
Stämme nebeneinander und sucht zu ermitteln, was deren gemeinsames Erbgut aus den Zeiten der Ungetrenntheit der Stämme oder des Griechischen Urvolks sein
mag, und was als selbständig erarbeitetes Eigenthum der
einzelnen Stämme zu betrachten ist — ähnlich wie die
Sprachvergleichung aus den verschiedenen Dialecten ein
Bild der Griechischen Ursprache gewinnen kann. Hierbei wird sich nun zeigen, dass unter den Griechischen
Stämmen und den von ihnen hinterlassenen Mythen und
Culten mehrere sich befinden, welche nicht Hellenischen,
wahrscheinlich auch nicht einmal Indogermanischen Ursprungs sind; diese müssen natürlich ausgeschieden werden, was, wenn es richtig angegriffen wird, auch mit genügender Sicherheit geschehen kann. Ist nun die Arbeit
so weit gefördert [1]), und mittlerweile auch die Bearbei-

---

[1]) Beiläufig bemerke ich, dass wir auf diesem Wege zu
dem schliesslichen Resultate kommen werden, eine ursprüngliche
Einheit des Gottesbewusstseins in dem Griechischen Urvolk zu
erkennen. Die Gottheit, in welcher sich dasselbe concentrirte,
führte wahrscheinlich den Namen Ζεύς, lautlich entsprechend
dem Vedischen Dyaus, dem Italischen Jupiter und Janus, dem
Germanischen Tyr (Zio). Diesen Namen hat freilich nur der
Achäische Stamm genau festgehalten, aber mit geringer Modification ist er auch dem Böotischen Culte geblieben (Ζω-νυσος =
Ζεύς Νυσήος im Gegensatze zu dem Ζεύς Ὀλύμπιος, dem Achäi-

tung der Mythologie verwandter Völker oder mindestens eines verwandten Volkes [1]) weit genug vorgeschritten, um auch dort das Aeltere von dem Jüngern mit einiger Sicherheit scheiden zu können, dann erst ist es an der Zeit, zu der dritten Stufe der Vergleichung aufzusteigen, welche ein Bild der Indogermanischen Urmythologie wenigstens in den äussersten Umrissen zu construiren sucht; denn ob jemals mehr zu erreichen sein wird, muss dahin gestellt bleiben.

Das ist nun freilich ein langer und schwieriger Weg, der denjenigen nicht sonderlich gefallen wird, welche glauben, das Ziel in wenigen Sprüngen erreichen zu können und theilweise schon erreicht zu haben; allein es ist meiner Ueberzeugung nach der einzige, der zum Ziele führt. Stellt sich damit die vergleichende Mythologie als eine Wissenschaft der Zukunft, vielleicht einer fernen Zukunft hin, so mag doch mittlerweile immerhin in einzelnen besonders evidenten Fällen eine Vergleichung versucht werden; es wird dies dazu dienen, den Muth zu

---

schen Gotte); die Gottheiten der übrigen Hellenischen Stämme erhielten Namen, die entweder ursprünglich Epitheta des Griechischen Urgottes oder dem besondern Character, den sie allmählich entwickelten, angepasst waren. Die weitere Ausführung und Begründung dieser Andeutungen bleibt spätern Untersuchungen vorbehalten.

[1]) Hierfür würden die Italischen Stämme als die nächsten Verwandten der Griechen besonders in Betracht kommen. Es ist nicht zu verkennen, dass hier naheliegende Vergleichspuncte vorliegen, wie z. B. der Mythus von Hercules und Cacus entschiedene Verwandtschaft mit dem Mythus von Herakles und Geryones zeigt. Ein Versuch, beide mit einander zu vergleichen, ist gemacht von Bréal, Hercule et Cacus. Etude de mythologie comparée. Paris 1863. In wie weit derselbe gelungen sein mag, kann ich nicht beurtheilen, da mir die Schrift nur aus Recensionen bekannt ist.

heben, und kann auch unter Umständen dazu beitragen, den Weg, den die Erforschung der einzelnen Mythologieen einzuschlagen hat, ein wenig aufzuhellen [1]).

---

[1]) Die vorstehende Abtheilung war schon für den Druck niedergeschrieben, als mir M. Müller's Vorlesungen über die Wissenschaft der Sprache (Deutsche Bearbeitung von C. Böttger. Leipzig 1866) in die Hände kamen. Die dort Vorl. VIII — XII entwickelten Ansichten des geistvollen Sprachforschers über Mythologie, insbesondere über vergleichende Mythologie bieten zwar Mancherlei, was die so eben von mir behandelte Frage berührt, allein eine nachträgliche Besprechung würde theils zu weit führen, theils unnöthig sein, da dieselben Gründe, welche ich gegen A. Kuhn ausgeführt habe, im Wesentlichen auch diesem Gelehrten gegenüber ihre Geltung behalten, ja sogar manche meiner Ausführungen durch ihn neue Bestätigung finden. Nur das mag erwähnt werden, dass M. Müller, abweichend von Kuhn, in der Morgenröthe und der Sonne „das Hauptthema aller mythischen Dichtungen der Arischen Race" erblickt und von diesem Standpunkte aus öfter gegen Kuhn polemisirt. So lange aber die vergleichenden Mythologen u. Kenner der Veden noch selbst über die Grundanschauungen der angeblich so durchsichtigen Vedischen Mythologie eingestandenermassen unter einander so weit differiren, „wie dies bei zwei Ansichten über denselben Gegenstand nur immer möglich ist" (M. Müller II. S. 477), wird man es den Bearbeitern der Griechischen Mythologie doch kaum zumuthen dürfen, dass sie die Principien ihrer Forschung von dort aus sich dictiren lassen sollen.

§. 1.

Historische Gesichtspunkte für die Untersuchung.

Wo das urkundliche Wissen aufzuhören und eine geregelte Forschung unmöglich zu sein scheint, da pflegt die Hypothese sich nach Herzenslust zu ergehen und theils die Fäden ihrer Hirngespinnste in gutem Glauben zu ziehen, theils vor Widerlegung sich sicher wähnend mit allen Künsten der Charlatanerie ihren Schwefelkies für Gold zu verkaufen. Das hat das höhere Griechische Alterthum bis auf den heutigen Tag oft genug erfahren müssen in allen culturhistorischen und historischen Fragen, die dasselbe berühren. Nicht ohne grossen Schaden für die Wissenschaft. Denn wenn auch dieses Verfahren dazu beigetragen hat, der hier kaum minder nachtheiligen Nüchternheit der Forschung, die nichts für wahr hält, was sie nicht mit Augen sehen oder mit Händen greifen kann, zu wehren, so haben wir demselben doch auch zu danken, dass allmählich eine nicht geringe Anzahl von grundfalschen Ansichten in Curs gekommen ist, die oft um so schwerer zu widerlegen sind, je weniger festen Boden sie haben. Ja, mitunter ist es sogar dahin gekommen, dass blosse Hypothesen fast das Ansehen urkundlicher Ueberlieferung gewonnen und letztere selbst dermassen in den Hintergrund gedrängt haben, dass nur wenige unbefangene Forscher noch zwischen der Hypothese und der Ueberlieferung zu unterscheiden wissen. So ist es z. B. mit allem, was

die moderne Wissenschaft über die Pelasger zu wissen
vorgibt [1].

Es thut noth, an diese Lage der Dinge mit einem
Worte zu erinnern, da wir von den landläufigen Meinungen über den Gang der ältesten Griechischen Geschichte uns hier eben so wenig wie bisher gefangen
nehmen lassen dürfen, wenn unsere Untersuchungen zu
einem gedeihlichen Ziel kommen sollen. Man nimmt
nämlich gewöhnlich an, dass Griechenland in der Urzeit
von einer ziemlich unterschiedslosen, starren Masse be-
völkert gewesen sei, die in ihren religiösen Vorstellungen und in ihren Lebensverhältnissen an die Natur mit
straffen Fesseln gebunden, ein einförmiges, durch innere
und äussere Bewegungen wenig afficirtes Dasein geführt
habe. Mit der Zeit aber habe theils durch Einwande-
rungen aus dem civilisirtern Orient, theils durch das
Auftauchen kriegerischer Stämme aus dem Schoosse jener Bevölkerung selbst das Leben beweglicher und mannigfaltiger sich gestaltet, die einförmige Masse in zahlreiche Stämme sich gespalten, bis nach einer Zeit wir-
ren Drängens und kriegerischen Treibens endlich die
Gestaltungen sich herausgebildet hätten, die uns an der
Schwelle der historischen Zeit entgegentreten. Diese Ansicht, welche, verschiedentlich modificirt und ausgeführt,
den meisten Darstellungen und Forschungen auf diesem
Gebiete zum Grunde liegt, müssen wir als völlig unrichtig bezeichnen und halten uns zu dieser Negation für

---

[1] Noch heutigen Tages gilt hier, was W. v. Humboldt
vor fünfzig Jahren an F. G. Welcker schrieb: „Ich gestehe
frei, dass mir über die Pelasger noch Alles unentschieden und
unbewiesen scheint. Nicht einmal die Frage, ob sie das Urvolk
der Hellenen, oder nur ihre nie weiter nicht angehende Vorgän-
ger in denselben Wohnsitzen waren, kommt mir bis jetzt ausgemacht vor." Preuss. Jahrb. I, 3. S. 322.

berechtigt durch die zahlreichen widersprechenden Data, welche wir in unsern bisherigen Untersuchungen bereits zu Tage gefördert haben. Zum Theil auf diese gestützt, zum Theil die Resultate noch nicht veröffentlichter Untersuchungen in ihren allgemeinsten Umrissen anticipirend setzen wir Folgendes an die Stelle.

Vor allem verwerfen wir die Annahme einer bloss culturgeschichtlichen Differenz [1]) zwischen den Hellenen und den ältern Bewohnern Griechenlands, welche man sich gewöhnt hat, mit dem Namen der Pelasger zu bezeichnen. Denn die Hellenen sind unzweifelhaft Indogermanen und Einwanderer, jene ältern Bewohner müssten also ebenfalls Indogermanischen oder Arischen Ursprungs und eingewandert sein, was nicht nur der hierin nicht unglaubwürdigen Griechischen Ueberlieferung widerspricht, sondern auch manche unwahrscheinliche Consequenzen mit sich führt. Man setze nämlich den Beginn der Arischen Wanderungen so früh als möglich, selbst bis in das Jahr 2000 v. Chr. Geb. zurück [2]) und nehme ferner an, dass der in Griechenland angesiedelte Zweig ohne grossen Zeitverlust auf dem geradesten Wege eingewandert sei, so wäre Griechenland bis auf diese verhältnissmässig späte Zeit eine menschenleere Einöde gewesen; auch hätte dann das nach Ausweis seiner spätern Leistungen hochbegabte Volk trotz der für die Culturentwickelung so günstigen Beschaffenheit seines Landes und trotz der Nähe der ältern Culturvölker des Orients eine viel längere Zeit als das verwandte Sans-

---

[1]) K. F. Hermann Cultargesch. d. Gr. u. Röm. I. S. 28.

[2]) Die Annahme erscheint reichlich hoch, wenn man bedenkt, dass das Sanskritvolk, welches der ursprünglichen Heimat doch näher geblieben ist als die Griechen, seine Sitze im Induslande etwa um das vierzehnte Jahrhundert gefunden hat. Lassen Ind. Alterthumsk. I. S. 749.

kritvolle bedurft, um die gleiche Höhe der Cultur zu erreichen. Dazu kommt, dass Spuren genug von einer auf ursprüngliche Verschiedenheit der Nationalität deutenden Gegensätzlichkeit innerhalb des Griechischen Volks sich finden. Ich will kein grosses Gewicht darauf legen, dass Griechische Geschichtschreiber die ältesten Bewohner des Landes für Barbaren erklären [1]; aber wenn wir sehen, dass die ältesten Reste der Architectur und Kunst in keinem organischen Zusammenhange mit der spätern Kunstentwicklung stehen [2], wenn wir bemerken, dass selbst in der Blütezeit der Kunst auf jegliche banausische Thätigkeit verächtlich herabgesehen wird, und die lächerliche Figur, welche der Schutzgott derselben, Hephaistos, schon bei Homer spielt, das hohe Alter dieser Anschauung bestätigt, wenn wir erwägen, dass die den althellenischen Character am treusten bewahrenden Dorischen Spartiaten weder von Befestigung der Städte etwas verstehen, noch trotz ihrer günstigen Lage am Meer im Seewesen erhebliche Fortschritte machen, während die (Jonischen) Athener nach beiden Seiten hin sich auszeichnen, so findet alles dieses seine einfachste und leichteste Erklärung in der Voraussetzung, dass eine Mischung grundverschiedener Nationalitäten einst in Griechenland vor sich gegangen sei, die Indogermanischen Hellenen eine nicht verwandte Bevölkerung vorgefunden und theils hellenisirt theils sich einverleibt haben. Und diese

---

[1] Strab. VII. p. 321.

[2] Herm. Culturgesch. I. S. 41 ff. Derselbe, obgleich sonst von der Autochthonie der Hellenischen Cultur überzeugt, kann doch in dieser Beziehung fremde Einflüsse nicht verkennen. Er führt sie auf den Orient zurück, da ihm bei seiner Ueberzeugung von der nationalen Einheit der ältesten Bewohner Griechenlands mit den Hellenen der Gedanke nicht kommen konnte, jene dafür in Anspruch zu nehmen.

Voraussetzung findet ihre volle Bestätigung durch die Religion. Geht man nämlich in der Weise, die wir bisher befolgt haben, auf die ältere Phase derselben zurück, indem man sich zugleich bemüht, dem Zusammenhange der einzelnen Gottheiten mit den Stämmen, denen sie ursprünglich angehörten, nachzuspüren, so findet man bald zwischen mehreren Gottheiten eine nähere Verwandtschaft, während andere sich zu allen übrigen in einen schneidenden Gegensatz stellen — eine Thatsache, welche freilich erst durch eingehendere Untersuchungen in ihr volles Licht gesetzt werden kann, dem Unbefangenen aber sofort entgegentritt, wenn er Gottheiten wie Poseidon, Hephaistos einerseits etwa mit Zeus, Dionysos, Apollo andererseits vergleicht und die gänzliche Verschiedenheit der physischen Grundlage in dem Wesen der beiden ersten im Vergleich mit den drei letzten wahrnimmt. Für mich liegt darin ein unumstösslicher Beweis, dass jene Zahl unter sich näher verwandter Gottheiten von den Hellenen bei ihrer Einwanderung mitgebracht sind, während die andern als Reste von Religionsformen zu betrachten sind, welche den vorhellenischen Bewohnern Griechenlands angehörten.

Ferner muss ich behaupten, dass weder die ältern Bewohner jemals in sich eine einheitliche, compacte Bevölkerung gebildet haben, noch auch die Hellenen als ein geschlossenes Ganze in Griechenland eingedrungen sind. Für das Erstere Beweise zu geben, muss ich auf eine spätere Zeit verschieben; für das Andere liegt ein, wie ich meine, hinreichender Beweis schon vor. Ist nämlich entschieden, dass der Achäische Stamm nicht erst in Griechenland sich aus einem grössern Ganzen ausgeschieden und zur Selbständigkeit entwickelt hat, ergibt sich vielmehr sichtlich, dass derselbe schon vor dem Betreten des Griechischen Bodens eine geschlossene

Einheit bildete mit einer ihm eigenthümlichen, in festen
Formen ausgeprägten Religion, sehen wir ferner deutlich, wie dieser Stamm bei seinem weitern Vorrücken
auf andere politisch und religiös ebenso selbständige
Stämme theils unzweifelhaft Hellenischer, theils fremdartiger Abkunft stösst, dieselben zertrümmert, in sich aufnimmt oder weiter drängt, so ist kein Grund mehr,
daran zu zweifeln, dass die Spaltung des Griechischen
Urvolks in Stämme bereits auf dem Wege aus den Ursitzen nach ihrer spätern Heimat sich vollzogen hat.
Und es bedarf nur eines Augenblicks ruhiger Ueberlegung, um das Gegentheil auch aus allgemeinen Gründen
sehr unwahrscheinlich zu finden. Denn freilich ist die
Bodenbeschaffenheit Griechenlands einer Zersplitterung
in zahllose kleine Gemeinwesen ausserordentlich günstig,
aber einerseits sind doch die Dimensionen des Landes
zu gering, der Verkehr, wenn auch zu Lande schwierig,
doch durch die See zu leicht, als dass hier sich Differenzen von der Schärfe und der Dauer hätten bilden
können, wie sie uns in den durch Sprache, Sitte, Religion so bestimmt geschiedenen Stämmen entgegentreten [1]),
andererseits erkennen wir auch deutlich, dass über der
durch geographische Verhältnisse bedingten Zersplitterung
in kleine Gemeinwesen oft ein durch Stammesverwandtschaft vermittelter Zusammenhang fortdauernd sich erhält, weshalb also dieser Zusammenhang für älter und
ursprünglicher als jene Zersplitterung gelten muss. Dagegen konnten auf dem weiten Wege aus der Urheimat,
zu dessen Vollendung wohl Jahrhunderte erforderlich
waren, das in weiten, fruchtbaren Ländern ungehinderte

---

1) Umgekehrt kommt es sogar häufig vor, dass ursprünglich
verschiedene Stämme, wo Mangel an Raum und andere Umstände
ein gesondertes Dasein nicht ferner gestatten, mit einander zu
einer politischen und religiösen Gemeinschaft verschmelzen.

Wachsthum und Auseinandergehen des Volks, Kämpfe mit andern Völkern und Zwistigkeiten unter einander Veranlassungen genug zur Spaltung der ursprünglichen Einheit bieten und einer Wiedervereinigung unübersteigliche Schwierigkeiten in den Weg setzen, und während der langen Dauer dieser Wanderung, unter ungleichen geographischen Verhältnissen und unter dem Einflusse mannigfaltiger Berührungen mit andern Völkerschaften verschiedenartiger Nationalität konnten und mussten Differenzen sich bilden und befestigen, die durch das spätere engere Zusammenleben niemals völlig sich wieder ausgleichen liessen [1]). Und blieb nun auch die Richtung der Wanderung bei denjenigen Stämmen, die sich später in Griechenland wieder zusammenfanden, wesentlich dieselbe, so ist es doch begreiflich, dass sie weder genau an demselben Puncte, noch zu gleicher Zeit die Grenzen Griechenlands überschritten, die früheren von den spätern gedrängt und vorwärts geschoben wurden, und da die ursprüngliche Verwandtschaft nicht immer gleich wahrgenommen werden mochte, auch die eigene Noth vor nachdringenden Völkerschaften und die Enge des Raums kaum eine Wahl liess, so ist mehr als ein echthellenischer Stamm von seinen eigenen nachrückenden Volksgenossen aufs heftigste befehdet und in verzweiflungsvollen Kämpfen so arg mitgenommen worden, dass nur kümmerliche Reste von ihm bis in die historische Zeiten sich erhielten.

Dies ist nun gerade ein Punct, auf den es uns hier besonders ankommt. Denn auch der Stamm, welchem

---

[1]) Wo die geographische Trennung bedeutender wurde und dauernder sich erhielt, da entstand sogar ein vollständig gesondertes Volksthum daraus. So bei den Italikern, die nach Ausweis ihrer Sprache vor Alters mit den Griechen eins gewesen sind.

die Gottheiten Hermes und Demeter ursprünglich angehört haben, zählt zu denen, welche schon beim Beginn der historischen Zeit vom Schauplatze der Geschichte so gut wie verschwunden sind. Nun ist es aber trotzdem, wenn wir das ursprüngliche Wesen jener Gottheiten erforschen wollen, nach unsern Grundsätzen eine Nothwendigkeit, auch die Schicksale und Verhältnisse des Stammes einigermassen zu kennen, der sie vor Alters als die seinigen verehrt hat. Wie sollen wir das erreichen?

Vor allen Dingen ist nicht daran zu denken, durch directe geschichtliche Nachrichten irgend ausreichende Auskunft darüber zu erhalten. Sind schon alle scheinbar geschichtlichen Berichte über jene Zeit der Wanderungen von sehr zweifelhaftem Werthe, da ja das Beste, was die Erinnerung aufbewahren konnte, sich in einer Periode des mythischen Denkens in die den Spätern unverständliche Form des Mythus kleiden musste, so fehlt bei Stämmen, die nur in geringfügigen Trümmern sich erhalten und alle Selbständigkeit der Existenz schon vor dem Abschluss der Wanderungsperiode verloren hatten, jede Bedingung der Continuität historischer Ueberlieferung. Nur aus Berührungen mit andern erhaltenen Stämmen oder aus übriggebliebenen Monumenten können sich dürftige Notizen und dunkele Spuren erhalten haben, die aber, da sie in der spätern Tradition selbst leicht missverstanden oder unrichtig gedeutet sein können, erst der sorgfältigsten Sichtung und Bearbeitung bedürfen, ehe man sich darauf stützen darf. Anders verhielt es sich mit dem Achäischen Stamme. Zwar hat auch dieser in Folge der Bewegungen, die durch die Thessalische Einwanderung entstanden, seine alten Sitze und seine Macht verloren; allein es hat sich selbst im Mutterlande ein Rest desselben in Unabhängigkeit erhalten, und ein anderer an der Colonisirung Kleinasiens einen Antheil genommen, der ihm ein dauerndes Gedächtnis sichern musste, wenn er es auch nicht verstanden hätte, durch die Poesie das Andenken an die Ruhmes- und Glanzesperiode seiner Vorfahren auf die fernste Nachwelt zu bringen. Zudem ging diese der letzten Umwälzung durch die Thessalisch-Böotisch-Dorische Wanderung unmittelbar vorher, und es ist daher natürlich, dass dasjenige, was diese zerstört hatte, in der Erinnerung der Träger der Umwälzung einigermassen haften blieb. So war es denn möglich, dort schon durch blosse Zusammenstellung der Ueberlieferung ein leidlich klares Bild zu gewinnen, das durch Zuziehung eines reichen mythischen Materials im Einzelnen sich weiter ausführen liess; und wir haben dort also die historischen Verhältnisse des Stammes feststellen können, noch bevor wir in die Untersuchungen über den innern Gehalt seiner Religion eintraten. Ein gleiches Verfahren ist hier nicht anwendbar. Denn da, wie sich später genauer herausstellen wird, der Stamm, mit dem wir es hier zu thun haben, zum Theil bereits vor der Achäischen Wanderung, zum Theil durch dieselbe in seiner Existenz hart erschüttert, der letzte unabhängige Rest in der Periode der Böotisch-Dorischen Wanderung zertrümmert worden ist, so ist er der directen historischen Ueberlieferung beinahe völlig abhanden gekommen, und die Reste seiner Religion sind fast die einzigen, jedenfalls aber die bedeutendsten Spuren seines Daseins, die er hinterlassen hat. Diese Reste selbst aber sind nicht ohne weiteres verständlich, ja, sie sind so zerschlagen, zerstreut und verunstaltet, dass auf den ersten Blick nicht einmal ihre Zusammengehörigkeit erkannt, geschweige denn ein anschauliches Bild des Ursprünglichen gewonnen werden kann; sie aufzusuchen, kritisch zu reinigen, zu interpretiren und schliesslich zu einem Gesammtbilde zusammenzustellen, ist wiederum nicht möglich, ohne ein bestimmtes Bild von den historischen Verhältnissen des Stammes vor Augen zu haben. Kurz, die doppelte Aufgabe, die wir bei allen unsern Untersuchungen verfolgen, die geschichtliche und die religionsgeschichtliche, zieht sich hier dermassen in einander, dass jeder Schritt zur Lösung der einen von einem entsprechenden Schritt zur Lösung der andern begleitet sein muss.

§. 2.

Die Fundorte der Untersuchung.

Zuvörderst haben wir uns über die Fundorte der Untersuchung zu orientiren.

Die erste Aufgabe möchte hier wohl sein, den Stamm selbst und seine Wohnsitze ausfindig zu machen.

Nun glaubt man schon längst ziemlich darüber im Klaren zu sein, wem die Gottheiten Hermes und Demeter ursprünglich angehört haben. Man erklärt beide für Gottheiten der Pelasger, indem man sich für Hermes hauptsächlich auf eine Angabe Herodot's, für Demeter hauptsächlich darauf beruft, dass der Göttin unter dem Beinamen Πελασγίς von Πελασγός, Sohn des Triopas, in Argos ein Heiligthum gegründet sein soll [1]). Ich könnte Beides mit der kurzen Bemerkung abfertigen, dass man, ehe man den Pelasgern irgend einen Cult als Eigenthum zuweisen dürfte, doch darüber einigermassen im Reinen sein müsste, was man sich unter diesem Namen zu denken habe. Allein prüfen wir die Gründe selbst. Die Angabe hinsichtlich der Demeter wird schon

---

1) Paus. II, 22. 1.

dadurch verdächtig, dass sie den Ursprung des Cultes
direct auf ein bestimmtes Volkselement zurückführen
will, was dem gewöhnlichen Character der Ueberlieferung widerspricht: weder wird ein Ἀχαιός als Gründer
des Zeuscultes, noch ein Δῶρος als Gründer des Apollocultes u. s. w. jemals genannt. Sodann heisst Pelasgos
hier Sohn des Triopas; von diesem Heros habe ich aber
gezeigt, dass er erst bei Gründung der Dorischen Hexapolis in Kleinasien entstanden ist und mit Pelasgern
von Haus aus nichts zu thun hat. Da indessen auf
Grund gewisser historischer Verhältnisse nach einem bestimmten Gesetze mythischer Anschauung seine ursprüngliche Heimat nach Thessalien verlegt und hier von jeher
ganz besonders die Urheimat der Pelasger gesucht wurde,
so haben aus diesem Grunde Spätere, so viel ich sehe,
zuerst Callimachus, den Triopas mit den Pelasgern in
Beziehung gesetzt [1]). Ist aber die Abstammung des Pelasgos von Triopas apokryphisch und jüngern Ursprungs,
so muss dasselbe auch von der ganzen Stiftungslegende
gelten. Ohnehin versteht es sich nach einem Elementar-
satze der Mythologie von selbst, dass der angebliche
Gründer des Demeterheiligthums erst aus dem Epitheton
der Göttin hervorgegangen ist, nicht umgekehrt. Nun
trägt aber Hera das gleiche Epitheton, nicht aus einem
alten Culte, sondern bei einem spätern Dichter, der sie
damit nur als eine in Thessalien einheimische Göttin bezeichnen will [2]). Da nun auch Argos schon früh als
ehemalige Heimat der Pelasger angesehen wurde, so wird
es wahrscheinlich, dass jenes Epitheton die Demeter nur
als eine altargivische Göttin bezeichnen soll, was sie,
wie sich zeigen wird, auch wirklich gewesen ist. Viel-

---

[1] I, S. 14 ff.
[2] oben S. 74.

leicht soll jenem Heiligthum aber auch nur ganz im
Allgemeinen ein hohes Alter durch das Epitheton zugeschrieben werden; denn der Name Πελασγός wurde schon
früh in dem allgemeinen Sinne der „alten Bewohner des
Landes" genommen, wie aus der Angabe des Aeschylus,
dass Pelasgos, und zwar gerade der als König der Aegiver bezeichnete Heros, ein Sohn des Palaichthon gewesen sei [1]), unzweideutig hervorgeht.

Was nun den Hermes betrifft, so beweist die Angabe Herodot's nichts weniger als seinen Pelasgischen
Ursprung. Bei ihm heisst es nämlich [2]): *Τοῦ δὲ Ἑρμέω
τὰ ἀγάλματα ὀρθὰ ἔχειν τὰ αἰδοῖα ποιεῦντες οὐκ ἀπ'
Αἰγυπτίων μεμαθήκασι, ἀλλ' ἀπὸ Πελασγῶν πρῶτοι
μὲν Ἑλλήνων ἁπάντων Ἀθηναῖοι παραλαβόντες παρὰ δὲ
τούτων ὤλλοι.* Er behauptet also nicht, dass der Gott
Hermes, sondern nur, dass die ithyphallische Bildung
desselben den Athenern von den ehemals in ihrem Lande
ansässigen Pelasgern oder richtiger Tyrrhenern zugekommen sei, und verräth auch, indem er hinzufügt: *οἱ δὲ
Πελασγοὶ ἱρόν τινα λόγον περὶ αὐτοῦ ἔλεξαν, τὰ ἐν
τοῖσι ἐν Σαμοθρηΐκῃ μυστηρίοισι δεδήλωται*, deutlich,
woher ihm diese Meinung gekommen ist. Uebrigens
werden wir später sehen, dass auch in dieser Beschränkung Herodot's Bericht unrichtig ist, da die ithyphallische
Bildung mit dem ursprünglichen Wesen des Hermes so
eng zusammenhängt, dass dieselbe ihm nicht erst später
von aussen gekommen sein kann. Obendrein habe ich
schon früher mit bestimmten Gründen nachgewiesen,
dass der Hermesdienst den Tyrrhenischen Pelasgern, den
Trägern des Kabirencultus, von Haus aus fremd gewesen
ist [3]). Wollte man aber endlich für den Pelasgischen

[1]) Aesch. Suppl. 250 f.
[2]) Herod. II, 51.
[3]) I. S. 294 ff.

Ursprung des Hermesdienstes die Geburt des Gottes auf dem Berge Kyllene geltend machen, so wäre dem zu entgegnen, dass einerseits das Pelasgerthum der Arkadier begründeten Zweifeln unterliegt, andererseits die angeblichen Geburtsstätten der Gottheiten in der Regel nicht die Ausgangspuncte ihres Cultes gewesen sind: in Creta und auf der Insel Delos z. B. ist nicht die Urheimat des Zeusdienstes und des Apollocultes zu suchen.

Mit den Pelasgern ist es also auch hier einmal wieder nichts.

Ein sicherer Anknüpfungspunct bietet sich dagegen in der wohl bezeugten Thatsache, dass Kadmos, der Gründer Thebens, eine heroische Gestalt des Gottes Hermes gewesen sei [1]). Dieser Heros stellt sich nun durch seinen Namen zunächst als den Repräsentanten des in Theben einst ansässigen Stammes der Kadmeer oder Kadmeonen hin; ist er also zugleich eine heroische Metamorphose des Gottes Hermes, so kann nach unsern bisherigen Erfahrungen kein Zweifel darüber walten, dass Hermes als ursprünglicher Stammesgott der Kadmeer gelten muss, so dass also Kadmos die Repräsentation des Stammes und seines Gottes in derselben Weise in sich vereinigt, wie Pelops und andere bereits besprochene Heroen. Was nun in seinem Mythus auf den Gott, was auf den Stamm zu beziehen ist, wird sich später ergeben; doch muss gleich hier hervorgehoben werden, dass seine Schwester Europa, die so bedeutsam in seine Schicksale eingreift, ebenfalls als eine religiöse Gestalt anzusehen ist, da derselbe Name im Cultus hervortritt. Der Name war ein Epitheton der Göttin Demeter, unter welchem sie zu Lebadeia verehrt wurde. Da nun ausser-

---

[1]) Tzetzes z. Lycophr. 162. Schol. Lycophr. 162. Nonn. Dionys. IV, 85 ff. Vgl. Müller, Prolegg. S. 147. Neubäuser, Cadmilus. p. 49.

dem der Heros Kadmos auch sonst in sehr enger Beziehung zu der Göttin Demeter steht, so wird der auf Grund dieser Thatsachen schon früher [1]) von mir ausgesprochene Satz, dass in der Kadmeischen Stammesreligion Demeter als weibliche Gottheit dem Hermes zur Seite gestanden habe, vor der Hand genügend begründet erscheinen, um als erster Stützpunct zu dienen, wenn auch die Frage, wie von da aus weiter zu operiren sei, auf den ersten Blick Schwierigkeiten genug zu bieten scheint. Denn der Kadmeische Stamm hat, so weit die Ueberlieferung reicht, auf dem Griechischen Festlande seine Herrschaft nicht über Böotien hinaus ausgedehnt, während der Cult des Hermes und der Demeter offenbar noch an mehreren andern Stellen alte und tiefe Wurzeln hat. Allein wir müssen bedenken, dass die alten Stammesnamen vielfachen Schwankungen unterworfen waren: die Nordachäer z. B. führen Sondernamen, welche den Südachäern fremd sind, und nehmen bei ihrem Uebergange nach Kleinasien unter völligem Aufgeben des eigenen einen fremden Stammesnamen an. So wäre denn an sich nichts dagegen zu erinnern, dass den Kadmeern nahverwandte Volkselemente in andern Theilen Griechenlands unter andern Namen aufgetreten sein können. Unter dieser Voraussetzung, die sich später als begründet herausstellen wird, bleibt nichts Anderes übrig, als auf den allgemeinen Satz zurückzugreifen, dass überall, wo ein Cult von Alters her heimisch ist, auch der Stamm, den man als Träger desselben erkannt hat, oder ein Bruchtheil von ihm sesshaft gewesen sein müsse. Das führt uns zunächst nach Eleusis, wo der Demetercult in historischer Zeit seine bedeutendste Stätte hat, und wenn es Bedenken erregt, dass hier Demeter allein ohne

---

[1]) I. S. 235.

Hermes auftritt, so verschwindet dieselbe durch die bereits früher ¹) ermittelte Thatsache, dass hier eine Verschmelzung mit dem Kaukonischen Religionskreise stattgefunden hat, die nicht ohne Einbusse auf der einen wie auf der andern Seite vor sich gehen konnte, wie denn auch der Kaukonische Gott Hades nur dem Namen nach neben seiner Gemahlin Persephone dort sich behauptet hat. Nach einer ganz verschiedenen Richtung fühlen wir uns gezogen, wenn wir den Inhalt des Kadmeischen Mythus etwas näher betrachten. Der Drachenkampf, die Aussaat der Drachenzähne, der Kampf der aus dieser Saat hervorgegangenen bewaffneten Männer wiederholen sich mit geringfügigen Modificationen in dem Mythus von Jason, dem Helden der Argonautenfahrt. Eine nahe Verwandtschaft beider Mythen, die nicht aus äusserlicher Uebertragung entstanden sein kann, ergibt sich daraus von selbst, und auf Grund derselben erkennen wir auch in Jason eine heroische Metamorphose des Hermes, die auf ehemalige Sesshaftigkeit eines den Kadmeern nahestehenden Volkselementes in Jolkos, der Heimat des Jason, schliessen lässt. Und wie nun endlich schon der Name des Jason uns an das Ἰασον Ἄργος erinnert, so finden wir an diesem Orte den Mythus von dem Argostödter Hermes, dessen alterthümliche Symbolik auf Elemente alter religiöser Anschauungen deutet, während der unverkennbare Zusammenhang des Namens des getödteten Argos mit dem Namen der Stadt und des Landes und die Versetzung des Mythus mit Elementen historischer Tradition die Sesshaftigkeit der Träger desselben in dieser Gegend bezeugt.

Weitere Schlüsse über Namen, Ausbreitung und Wohnsitze des Stammes aus den angeführten Thatsachen

---

¹) I, S. 167 ff.

zu ziehen schieben wir auf, bis die Analyse der mythischen Tradition uns tiefere Einblicke gestattet. Hier wollen wir nur noch einen Blick auf die Beschaffenheit des mythischen Materials und die dadurch bedingte Behandlung desselben werfen.

Ein flüchtiger Vergleich mit dem mythischen Nachlass des Achäischen Stammes belehrt uns sofort, dass die Mythen hier nicht nur der Zahl nach bedeutend geringer, sondern auch mit fremdartigen Elementen ungleich stärker versetzt sind. Dort bedurfte es zu der Erkenntniss, dass Zeus der Stammesgott der Achäer gewesen und die Elemente seiner Religion in den überlieferten Mythen enthalten seien, nur eines freien, durch die herkömmlichen Irrthümer nicht getrübten Blicks; hier verstecken sich die Fäden des Zusammenhangs so sehr, dass, selbst nachdem wir zusammengestellt haben, was zusammengehört, noch nicht alle Zweifel und Bedenken überwunden sein werden. Doch wird man dies ganz natürlich finden, wenn man erwägt, dass ein ungleich mächtigerer Stamm, der im Norden wie im Süden gleichzeitig sein Uebergewicht geltend machte, bei weitem zahlreichere und deutlichere Spuren hinterlassen musste, und dass, je öfter die Fluten neuer Völkerströme über einen Stamm hinweggegangen sind, desto tiefer die Merkmale seines Daseins unter den neuen Ablagerungen versteckt und entstellt sein müssen. Namentlich können sich unter wiederholten Zerstörungen und Umwälzungen die Culte und Heiligthümer, an denen die mythische Tradition vorzugsweise gern haftet, nicht in ihrem Ansehn behaupten, und jene muss sich entweder ganz in die Sphäre der Heldensage zurückziehen, wo der religiöse Character und der Zusammenhang mit bestimmten, namhaft gemachten Gottheiten sich leicht verwischt, und neue von andern Stämmen zugebrachte Elemente leichter

Eingang finden, oder es fliessen die alten religiösen Vorstellungen mit den neu hinzukommenden in einander, es verbinden sich die alten Gottheiten mit den neuen, und dieses Gemisch, vor dem das Aeltere allmählich verschwindet, verbreitet sich mit dem Impulse frischer Kraft über die Stätten der untergehenden Religion.

Hieraus ergibt sich, dass die Kritik hier noch mehr als früher aufzuräumen hat, um die in der Tiefe liegenden Schätze zu Tage zu fördern; doch wird ihr die schwere Arbeit durch die vorausgegangenen Untersuchungen nicht unwesentlich erleichtert werden. Denn nicht genug, dass wir durch dieselben über das Wesen des Mythus überhaupt und über die eigenthümliche Beschaffenheit seiner Formen und Gestaltungen bei den Griechen insbesondere zahlreiche neue Aufschlüsse erhalten haben, dass wir ferner über den Character und den Inhalt der religiösen Vorstellungen des höhern Alterthums zu richtigern Vorstellungen gelangt sind, die uns so manche Irrthümer der modernen Mythologie von selbst fern halten müssen; so dürfen wir auch erwarten, in den Vorstellungen der altachäischen Religion manche Anknüpfungspuncte und Analogieen im Einzelnen zu finden, die uns den richtigen Weg zeigen werden, wo die Ueberlieferung gar zu sehr getrübt ist. Wir gehen nämlich von der später zu erweisenden Voraussetzung aus, dass wir es hier mit einem Hellenischen Stamme zu thun haben. Ist es nun eine unwiderlegliche Thatsache, dass schon das Indogermanische Urvolk eine gewisse Summe religiöser Vorstellungen und eine irgendwie gestaltete Gottesidee gehabt hat, so muss von dem Griechischen Urvolke nicht nur dasselbe gelten, sondern wir müssen auch annehmen, dass diese Vorstellungen hier einen viel festern und individuellern Character angenommen haben; mit einem Worte, eine Griechische

Urreligion von eben so ausgeprägtem Character als die Griechische Ursprache ist ein nothwendiges Postulat. Und wie nun die Stämme bei ihrer Ablösung von dem Volksganzen die Griechische Ursprache mit sich genommen, in der Hauptsache treu bewahrt und nur im Einzelnen weiter gebildet und modificirt haben, so werden sie auch in dem Gange religiöser Entwicklung nicht von neuem ausgeholt, sondern das Erbtheil ihrer Väter nur ausgebaut und ihren besondern Bedürfnissen angepasst haben. Es muss also eine gewisse Summe gemeinsamer Grundanschauungen in den Religionen der verschiedenen Hellenischen Stämme vorausgesetzt werden, und namentlich dürfen wir annehmen, dass die physischen Elemente, welche in den frühern Stadien der religiösen Entwicklung vorzuherrschen und auf die erste Gestaltung der religiösen Vorstellungen einen überwiegenden Einfluss zu üben pflegen, schon der Griechischen Urreligion nicht fremd gewesen sind, so dass nicht nur im Ganzen und Grossen dasselbe physische Substrat in allen Hellenischen Stammesreligionen wiederzufinden sein, sondern auch die Art und Weise, wie dasselbe auf die religiöse Anschauung einwirkt und die Formen derselben schaffen hilft, grosse Verwandtschaft zeigen muss. Freilich dürfen über dieser Verwandtschaft die Verschiedenheiten und Eigenthümlichkeiten der einzelnen Stammesreligionen nicht übersehen werden; aber damit hat es auch keine Noth, da der in Erzeugung immer neuer Formen und Gestalten ausserordentlich fruchtbare Geist der Griechen in allen Sphären des Lebens das Individuelle und Besondere so auszubilden und hervorzuheben weiss, dass es oft viel schwieriger ist, das Gemeinsame deutlich zu erkennen, als das Besondere ausser Acht zu lassen.

§. 3.

Ἑρμῆς.

Mit keinem Gotte hat die mythologische Wissenschaft soviel experimentirt, als mit Hermes, und alle verschiedenen Meinungen, die über ihn aufgestellt sind, mittheilen und kritisiren hiesse eine Geschichte dieser Wissenschaft und ihrer Irrthümer schreiben. Da der „unglückliche" Bogengott, welcher eine Zeitlang eine grosse Rolle gespielt hat, seinen eigenen Anhängern anfängt verdächtig zu werden, so begnügen wir uns, auf die Ansicht von Welcker mit einigen Worten einzugehen. Nach ihm [1]) ist „ein animalischer Hermes (Gott des thierischen Zeugungstriebes) und ein kosmischer zu unterscheiden, jener dem Lebensbedürfnisse des Hirtenstandes, dieser der Religion der Denkenden angemessen. Der kosmische Hermes ist ein Gott des Umschwungs, der lebendigen Weltbewegung und als solcher in dem Ἀργειφόντης zu erkennen, der Gott der thierischen Zeugung stellt sich in dem ithyphallischen Hermes dar." Diese Auffassung soll auch in dem Namen Ἑρμῆς selbst liegen, welcher Trieb ausdrücke.

Diese Ansicht, die in ihrer weitern Auseinanderlegung und Durchführung an Klarheit nicht gewinnt, scheint darauf berechnet, gerade durch ihre Unfasslichkeit zu imponiren. Allein den ithyphallischen Hermes für den Gott der thierischen Zeugung zu erklären ist doch nur eine nichtssagende Paraphrase des Phallussymbols, und wie ein solcher Gott in der Religion der Denkenden zu einem Gott der lebendigen Weltbewegung werden konnte, durchaus nicht abzusehen; denn der gelegentlich einmal gegebene Vergleich mit Eros ist un-

---

[1]) Götterl. I, S. 339 ff.

statthaft, da wir in diesem zunächst doch nur einen
abstracten Begriff, keinen eigentlichen Gott zu erkennen
haben, und die speculative Verwendung dieses Wesens
in der Theogonie keinen Rückschluss auf die Volksreligion gestattet. Obendrein hat Welcker sowohl den
Namen Ἀργειφόντης sowie den darauf bezüglichen Mythus, worin sich der Gott des Umschwungs und der lebendigen Weltbewegung besonders zu erkennen geben
soll, gründlich missverstanden, wie wir bald sehen werden, und er spricht auch genau genommen selbst über
seine ganze Auffassung das Verdammungsurtheil aus, indem er eingestehen muss, dass sein Hermes ein ganz
abnormes, aller Analogie widersprechendes Wesen ist [1]).

Die verschiedenen Auffassungen des Gottes haben
eben so viele verschiedene Versuche, den Namen zu
deuten zur Folge gehabt. Wir bleiben nun zwar bei
dem Satze stehen, dass der Name eines Gottes niemals
genügenden Aufschluss über sein ursprüngliches Wesen
zu geben vermöge, sehen uns aber dennoch veranlasst,
vor Beginn unserer Untersuchungen auf die Etymologie
des Namens Ἑρμῆς einzugehen, da diese uns gelegentlich einige brauchbare Anhaltspuncte wird gewähren
können.

Ἑρμῆς ist offenbar durch Contraction entstanden
aus Ἑρμέας, eine Form, welche bei Homer wirklich
vorkommt [2]). Gewöhnlich heisst der Gott aber bei ihm

---

[1]) ebendas. S. 843. „Demnach ist Hermes unter den grossen
Göttern der einzige, der kein sichtbares Substrat hat, dessen
mythisches Wesen nicht im Materiellen begründet ist, anders
als dass die Zeugungskraft einen sinnlichen Eindruck machte,
der im Nachdenken angewandt auf die lebendige Regung und
Bewegung des Alls, diese merkwürdige mythische Persönlichkeit
bestimmte."

[2]) Hom. Il. V, 390.

Ἑρμείας, worin mit A. Kuhn ohne Zweifel die ursprüngliche Form zu sehen ist. In diesem Falle führt die Analogie darauf, das ι als ein ursprüngliches j zu fassen, welches entweder, wie alle Sibilanten, zwischen zwei Vocalen später ausfallen oder wie ϝ sich vocalisiren musste [1]). Die Form Ἑρμεjας ist aber aus älterm Ἑρμαjας entstanden; das ergibt sich, wenn es nicht schon die historische Grammatik lehrte, aus der schon oben (S. 224) angeführten Nebenform Ἑρμάων und aus den von dem Namen des Gottes hergeleiteten Formen Ἑρμαῖον (Tempel des Hermes und Ortsname), Ἑρμαῖος (Adjectiv = den Hermes betreffend) Ἕρμαια (Fest des Hermes [2])). Diese Ableitungen nebst solchen Compositionen wie Ἑρμογένης, Ἑρμόδωρος, Ἑρμότιμος u. s. w. beweisen aber auch, dass Ἑρμαjας eine durch das sonst zu Adjectivbildungen dienende Suffix ja aus einem ursprünglichen Ἑρμα-ς gebildet ist.

Dass nun dieses in Ἑρ-μα-ς zu zerlegen, in μα ein Suffix (gewöhnlich μο, das in zahlreichen Wortbildungen vorliegt, vgl. z. B. ἐριτ-μο-ς) und in ἑρ eine Verbalwurzel zu sehen ist, scheint selbstverständlich. Aber welche? Spir. asp. im Anlaut kann aus σ, j oder ϝ hervorgegangen sein. Wurzel ἑρ kann also auf Skr. sar, yar oder var zurückgeführt werden. Eine Wurzel yar ist nun, soviel ich sehe, nicht vorhanden; var existirt und zwar in sehr verschiedenen Bedeutungen: 1. bedecken, 2. wählen, 3. drehen, 4. verletzen, 5. sagen [3]). Doch möchte wohl keine von diesen Bedeutungen sich für den Namen des Gottes Hermes empfehlen; auch sind

---

[1]) So lautet z. B. der Ausgang des Gen. Sing. der zweiten Declination im Sanskr. asya, welcher im Griech. diese Uebergänge zeigt, οσιο, οιο, οο, ου.
[2]) Paus. VIII, 14. 10.
[3]) L. Meyer Vergl. Gram. I, S. 854.

die Ableitungen von dieser Wurzel oder diesen Wurzeln im Griechischen nicht zahlreich und liegen ihrer Bildung nach der Namensform Ἑρμας zu fern. Anders verhält es sich mit der Wurzel sar. Diese erscheint im Griechischen gewöhnlich mit dem Suffix ma oder mâ, vgl. ὁρ-μή, ὁρ-μάω, ὅρμος (Ankerplatz, Anlaufspunct), auch ἕρμα, ἑρμίν, ἕρμαξ sind hieher zu ziehen. Alle diese Wörter haben eine Bedeutung, welche sich mit der Bedeutung der Sanskritwurzel sar, ire, unschwer vermitteln lässt; denn die drei letztgenannten, welche Stütze, Pfosten bedeuten, stellen sich zu sar, wie βάσις zu βαίνω. Zu erwähnen ist auch der Flussname Ἕρμος, ein ursprüngliches Appellativum, welches den Fluss nach derselben Eigenschaft bezeichnet wie ποταμος, welches zu Wurzel pat Gr. πετ zu stellen ist [1]).

Aus diesem allen möchte sich mit einer Sicherheit, wie nicht häufig bei Eigennamen, ergeben, dass Ἑρ-μα-ς, Ἑρ-μα-ja-ς, Ἑρ-μι-ια-ς, Ἑρ-μι-ας, Ἑρμῆς den Gott als den Wanderer bezeichnen soll. Dass diese Benennung für ihn passe, scheint sich auf den ersten Blick zu ergeben. Denn Aeschylus nennt ihn τὸν Διὸς τρόχιν [2]), und seine Eigenschaften als Bote, Herold, als Schutzgott der Wanderer und Reisenden lassen nichts natürlicher erscheinen, als dass man ihn selbst den Wanderer benannte. Und dennoch lässt sich nicht verhehlen, dass nicht diese Eigenschaften dem Gotte seinen Namen verschafft haben können. Sie sind so untergeordneter Natur, so sehr mit der Stellung des Gottes im polytheistischen System verwachsen, so wenig geeignet als Kern des Wesens bei einem alten Stammesgotte zu gelten, dass wir uns zu der Alternative gedrängt fühlen, entweder

---

[1]) Meyer a. a. O. S. 369.
[2]) Aesch. Prom. 941.

trotz aller angewandten etymologischen Künste die gegebene Namenserklärung fallen zu lassen oder auf anderem Wege zu ermitteln, in welchem tiefern und alterthümlichern Sinne man diesen Gott einst den Wanderer genannt habe. Kurz, wir sehen uns auch hier wieder auf den eigentlich mythologischen Weg gewiesen, den wir jetzt betreten wollen.

§. 4.

Ἑρμῆς Ἀργειφόντης.

Dem früher (S. 32) aufgestellten Grundsatze gemäss, dass auszugehen sei von einem Mythus, der über die Gottheit, von welcher er handelt, keinen Zweifel lasse, betrachten wir zunächst den Mythus vom Ἀργειφόντης. Dann allerdings tritt in diesem neben Hermes noch der Gott Zeus auf, aber da wir den Character und Inhalt der auf diesen Gott bezüglichen Mythen bereits genau kennen gelernt haben, so können wir hier schon vor jeder nähern Untersuchung erkennen, dass Zeus ursprünglich nichts mit diesem Mythus zu thun hat.

Schon Homer kennt den Gott Hermes als Ἀργειφόντης. Den Mythus, auf den sich dieses Epitheton stützt, erzählt er jedoch nicht. Was spätere Quellen darüber mittheilen, stimmt im Wesentlichen mit dem Berichte Apollodor's, welchen wir unserer Kritik und Deutung zu Grunde legen. Derselbe lautet:

Ἐξ Ἰάσου Ἀγήνωρ γίνεται, τούτου δὲ Ἄργος ὁ Πανόπτης λεγόμενος, εἶχε δὲ ὄσσος ὀφθαλμοῖς μὲν ἐν παντὶ τῷ σώματι. Ὑπερβάλλων δὲ δυνάμει τὸν μὲν τὴν Ἀρκαδίαν λυμαινόμενον ταῦρον ἀνελὼν τὴν τούτου δορὰν ἠμφιέσατο· Σάτυρον δὲ τοὺς Ἀρκάδας ἀδικοῦντα καὶ ἀφαιρούμενον τὰ βοσκήματα ἀπέκτεινε. λέγεται δέ, ὅτι καὶ τὴν Ταρτάρου καὶ Γῆς Ἔχιδναν, ἣ τοὺς παριόντας συνήρπαζεν, ἐπιτιρήσας κοιμωμένην ἀπέκτεινεν. ἐξεδίκησε δὲ καὶ τὸν Ἄπιδος φόνον τοῖς αἰτίοις ἀποκτείνας.

Ἄργου δὲ καὶ Ἰσμήνης τῆς Ἀσωποῦ παῖς Ἴασος, οὗ φασὶν Ἰὼ γενέσθαι. Κάστωρ δὲ ὁ συγγράψας τὰ χρονικὰ ἀγνοήματα καὶ πολλοὶ τῶν τραγικῶν Ἰνάχου τὴν Ἰὼ λέγουσιν. Ἡσίοδος δὲ καὶ Ἀκουσίλαος Πειρῆνος αὐτὴν φασὶν εἶναι. ταύτην ἱερωσύνην τῆς Ἥρας ἔχουσαν Ζεὺς ἔφθειρε. φωραθεὶς δὲ ὑφ' Ἥρας τῆς μὲν κόρης ἀψάμενος¹) εἰς βοῦν μετεμόρφωσε λευκήν. Ἥρα δὲ αἰτησαμένη παρὰ Διὸς τὴν βοῦν φύλακα αὐτῆς κατέστησεν Ἄργον τὸν πανόπτην, ὃν Ἀσκληπιάδης μὲν Ἀρέστορος λέγει υἱόν· Φερεκύδης δὲ Ἰνάχου· Κέρκωψ δὲ Ἄργου καὶ Ἰσμήνης τῆς Ἀσωποῦ θυγατρός· Ἀκουσίλαος δὲ γηγενῆ αὐτὸν λέγει. οὗτος ἐκ τῆς ἐλαίας ἐδέσμευεν αὐτὴν, ἥτις ἐν τῷ Μυκηναίων ὑπῆρχεν ἄλσει. Διὸς δὲ ἐπιτάξαντος Ἑρμῇ κλέψαι τὴν βοῦν μηνύσαντος Ἱέρακος ἐπειδὴ λαθεῖν οὐκ ἠδύνατο, λίθῳ βαλὼν ἀπέκτεινε τὸν Ἄργον, ὅθεν Ἀργειφόντης ἐκλήθη²).

Den übrigen Theil des Mythus, welcher die Irren der Io und die Geburt des Epaphos erzählt, lassen wir noch zurück, da in demselben direct von Hermes keine Rede ist.

Eine Deutung dieses Mythus ist von Welcker im Prometheus gegeben und später in seiner Götterlehre wiederholt. Wir können dieselbe um so weniger mit Stillschweigen übergehen, da sie nicht nur ziemlich allgemeinen Anklang gefunden hat, sondern auch von

---

¹) Die Worte: τῆς κόρης ἀψάμενος haben offenbar nur die Tendenz den Namen Epaphos etymologisch zu erklären. Vgl. Aesch. Prom. 850.

²) Apollod. II, 1, 2. 3. vgl. Aeschyl. Prom. 561 ff. Suppl. 291 ff. Ov. Met. I, 568 ff. Hyg. f. 145. Schol. Eur. Phoen. 1114b.

Welcker selbst zur Begründung seiner Ansicht vom Wesen des Hermes benutzt ist.

„Io, so lesen wir bei ihm [1]), hiess, wie mehrere Alten sagen, in der Sprache von Argos Mond; nämlich von εἶμι, ἴω, Wandlerin Selene. Den Mond bezeichnet auch das Symbol der Kuh. Dies weit in der alten Welt verbreitete Symbol kann durch die Hörner des Mondes in Verbindung mit der Stierform, wenn Gott allmächtig zeugt durch die Sonne, beide als Paar gedacht, entstanden sein. Den unermüdlichen Kreislauf des Mondes scheint ursprünglich die von der Bremse gestochene, um und um springende Io zu bedeuten. Der hundertäugige oder tausendäugige Argos, der allsehende, der Erdgeborene, welcher die Kuh hütet, ist der Sternhimmel, wie Euripides und Macrobius wohl einsahen; Hund d. i. Diener, Begleiter genannt [2]), wie Μαῖρα, Schimmer, der vielbesungene Hund der Ἠριγόνη, der Hundsstern u. s. w. Hermes, welcher den Hund der Io tödtet, Ἀργειφόντης, κυνάγχης, versieht sein Amt, den Wechsel von Tag und Nacht, Leben und Tod einzuleiten. Io, wenngleich die Fabel Hera zu ihrer Gegnerin macht, ist dennoch der Religion nach eine Zugehörige der grossen Göttin von Argos. Eine besondere Mondgöttin neben der Erdmutter hat nach dem Character anderer ältesten Griechischen Culte gar nichts Auffallendes. In höherer Ansicht ist die Io von der Hera in die Einheit aufgenommen, indem sie sie umschwebt; in niederer volksmythischer Darstellung tritt die Io aus der grossen Göttin gleichsam heraus und stellt sich als das Kebsweib, als die Magd der Frau, als die Priesterin der Göttin zur Seite."

---

[1]) Prom. S. 127 ff.
[2]) Hier wird Gewicht gelegt auf eine Bezeichnung, welche Apollodor und überhaupt die gewöhnliche Erzählung nicht kennt.

Etwas verschieden ist die Auffassung in der Götterlehre [2]): „Es ist nicht rathsam Ἀργειφόντης durch Argoswürger zu übersetzen, da das Wort zugleich weissleuchtend bedeutet und den Tagesanbruch personificirt, wie Eos die Morgendämmerung. Argos heisst weiss und φόντης ist Aeolisch für φάντης, und ἀργειφάντης der (Alles) weiss erscheinen lässt. Die Augen des Argos, des Allsehenden, sind die Sterne, die Sterne begleiten den Mond, bis sie durch Hermes verschwinden und der Tag scheint hell durch ihn."

Der Sinn des Mythus ist also, um es kurz zusammen zu fassen, nach Welcker: Der Tag (Hermes) lässt den Sternenhimmel (Argos) verschwinden, um den Mond (Io) zu entführen. Damit hätten wir also nichts als eine allegorische Darstellung eines öfter sich wiederholenden physischen Vorgangs. Was es nun mit solchen vermeintlichen physischen Allegorieen in der Griechischen Mythologie auf sich hat, haben wir schon an mehr als einem Beispiele gezeigt; wir dürften es also wohl als einen erwiesenen Satz betrachten, dass jede Deutung eines wirklich alten Mythus, welche auf nichts als eine physische Allegorie hinausläuft, eben deshalb als verfehlt gelten muss, und damit die Sache für erledigt ansehen. Allein mit allgemeinen Sätzen fechten können nur Wissenschaften, deren Grundprincipien bereits in dem Bewusstsein ihrer Jünger vollkommen feststehen, was in der Mythologie bis jetzt nicht der Fall ist. Wir wollen daher etwas näher auf die Bedenken eingehen, welche der Welcker'schen Deutung entgegen stehen.

Zunächst begreift man nicht recht, wie der physische Hergang, dessen allegorische Darstellung Welcker als den Inhalt des Mythus ansieht, die Phantasie zur

---

[1]) I. S. 836 ff.

Schöpfung einer die Götterwelt so stark in Bewegung setzenden Allegorie anzuregen vermochte. Denn einerseits ist derselbe nicht etwa ein alltägliches Ereigniss, sondern wiederholt sich nur in längern Zwischenräumen; andererseits kommt er, wenn er eintritt, nie ganz in der Weise zur Erscheinung, welche von Welcker supponirt wird. Der Monduntergang nämlich, auf den die Entführung der Io nach Welcker's Deutung doch wohl bezogen werden muss [1]), fällt genau genommen nur um die Vollmondszeit mit dem Tagesanbruch zusammen; gerade um diese Zeit verdunkelt aber der voll und ganz am Himmel stehende Mond die Sterne so sehr [2]), dass man nicht einsieht, wie der eben dann wenig sichtbare Sternenhimmel als sein Wächter aufgefasst werden kann, der erst getödtet werden d. h. vor dem aubrechenden Tageslichte erbleichen muss, ehe der Mond entführt wird.

Doch mag auch vielleicht die Welcker'sche Deutung sich diesen Einwürfen durch allerlei Windungen entziehen können, so finden sich auch sonst noch in derselben viele Unzulässigkeiten. Den $Ἀργειφόντης$ = $Ἀργειφάντης$ „der Alles weiss erscheinen lässt" zu nehmen ist eine etymologische Künstelei, die nur gemacht ist, um den Gott Hermes als den Tag auffassen zu kön-

---

[1]) Welcker's Deutung, die sich überhaupt in ein gewisses Halbdunkel hüllt, lässt allerdings diesen Punct im Unklaren. Allein die Entführung der Io etwa auf das Erbleichen des Mondes beim Anbruch des Tages zu beziehen verbietet der Umstand, dass das Erbleichen des Sternenhimmels unter dem Bilde einer Tödtung dargestellt sein soll. Dieselbe Erscheinung beim Monde würde also dasselbe Bild verlangen.

[2]) Zwar lässt Hom. Il. VIII, 555 ff. alle Sterne um den Mond erscheinen; doch Fäsi macht dazu die verständige Bemerkung, dass der Mond eben deshalb nicht als voll gedacht werden müsse, sondern überhaupt nur als scheinend.

nen, wozu der Mythus sonst gar keinen Grund gibt. Ἀργειφόντης ist unzweifelhaft der Argostödter [1]), wie auch die Alten mit seltenen Ausnahmen den Namen verstanden haben; einen absichtlich in das Wort gelegten Doppelsinn vermuthen, hiesse aber dem Forchhammerschen Sprachverdrehungssysteme sich anschliessen, welches dieser Gelehrte erst vor kurzem wieder neu zu begründen versucht hat [2]).

Betrachten wir ferner die Person des Argos, wie sie von den Quellen selbst dargestellt wird, so erkennen wir deutlich, dass er in erster Linie als Heros ἐπώνυμος der Stadt und Landschaft Argos und des Volksstammes der Ἀργεῖοι aufgefasst wurde. Dahin weisen sowohl die Angaben, die ihn zu einem Sohn des Inachos und Enkel

---

[1]) Ἀργειφόντης = Ἀργοφόντης, wie ἀνδρειφόντης = ἀνδροφόντης; das Bedürfnis des Hexameters, der eine Messung – ◡ – – nicht gebrauchen kann, bedingte die Umformung, die bei jenem Eigennamen um so leichter eintreten konnte, da Personennamen auf ος sehr gewöhnlich Nebenformen auf της haben. — A m e i s zu Hom. Od. I, 84 will das Epitheton durch „Eilbote" übersetzen und stützt sich dabei auf die Aristarchische Erklärung ὁ ταχέως καὶ τρανῶς ἀποφαινόμενος (Anhang S. 6). Aristarch in Ehren, aber seine Erklärung hat der bestimmten Ueberlieferung gegenüber, dass Hermes jenes Epitheton der Tödtung des Argos verdanke, kein Gewicht; es müsste denn sein, dass man in der ganzen Erzählung nichts als einen etymologischen Mythus sehen wollte, was Niemandem einfallen wird, der den Character dieser Mythengattung einigermassen kennt.

[2]) Philol. XVI, 3. S. 385 ff. Derselbe Gelehrte hat nach dieser Zeit versucht Io zu einer „Heroine der Inachos-Dämpfe" zu verarbeiten (Verhandlungen der XX. Vers. deutscher Philologen S. 31 ff.). Da die Mittel, mit welchen er dabei operirt, dieselben sind, welche ich I. S. 63 ff. beleuchtet habe, so muss ich, bevor ich mich auf eine Widerlegung dieses neuesten Deutungsversuches einlassen kann, erwarten, was er meinen dort erhobenen Einwürfen entgegen zu stellen vermag.

des Iasos (einer zunächst auf das Ἰασὸν Ἱερὸς deutenden Figur) machen, als auch seine Bezeichnung als γηγενής; Letzteres, von dem Argiver Akusilaos berichtet [1]), soll dem Stamme die überall gern von dem Localpatriotismus in Anspruch genommene Autochthonie vindiciren [2]). Wie lässt sich nun mit dieser Bedeutung des Argos der Sternenhimmel vereinigen? Liegt in dem Wesen dieser Person noch eine andere Beziehung, was allerdings von vorn herein wahrscheinlich ist, so muss diese, wie zahlreiche Analogieen uns lehren, der Religion des Stammes entlehnt sein; von einer göttlichen Verehrung des Sternenhimmels ist aber in Griechenland sonst nirgends eine Spur zu finden.

Auch mit der Io kommen wir ins Gedränge, wenn wir sie nur als eine Personification des Mondes nehmen wollen. Was soll das heissen: Zeus buhlt mit dem Monde? Was bedeutet der Sohn, den die Mondgöttin gebiert? Warum steht Hera der Io feindlich gegenüber? Diese und andere Fragen, die sich jedem Denkenden aufdrängen, erhalten durch Welcker entweder gar keine oder eine durchaus unbefriedigende Antwort.

Kurz, diese vielbelobte Welcker'sche Deutung zeigt bei Lichte besehen so viele Mängel, dass man sich unmöglich bei derselben beruhigen kann. —

---

[1]) Auch Aeschylos nennt ihn παῖδα γῆς Suppl. 305 und γηγενής Prom. 570.

[2]) Auch darin bekundet sich der Localpatriotismus, dass dem Argos eine Reihe von Heldenthaten zugeschrieben wird, die ihn als eine Art Herakles hinstellen sollen. Man darf hinter denselben keine andere und tiefere Bedeutung suchen. (Nur das Factum, dass er sich mit einem Stierfell bekleidet, steht, wie wir unten sehen werden, mit dem ursprünglichen Sinn des Mythus in Zusammenhang). Gegen die Deutung auf den Sternenhimmel legen freilich auch diese mythischen Thaten energischen Protest ein.

Die Kritik, welche stets erst der Interpretation den Weg bahnen muss, hat vor allem den Umstand in Betracht zu ziehen, dass in dem Mythus eine Göttergruppe auftritt: Zeus, Hera, Hermes, zu denen noch Io hinzukommt, die doch offenbar eine göttliche Heroine ist. Dass solche Göttergruppen erst aus dem Zusammentreffen und der Verschmelzung der Religionen mehrerer Stämme zu entstehen pflegen, ist von uns früher mehrfach dargethan [1]). Den spätern Ursprung der vorliegenden Göttergruppe bekundet schon der Umstand, dass Zeus und Hera, die selbst ursprünglich verschiedenen Stämmen angehören [2]), hier bereits im Sinn der gewöhnlichen Mythologie als ein Ehepaar dastehen. Fragen wir nun, wie viele Stämme Antheil an der Entstehung jener Göttergruppe haben mögen, so werden wir deren Zahl mindestens auf drei bestimmen müssen. Zeus gehört den Achäern, Hera den Aeolern an; Hermes dagegen und die beiden andern Personen, falls in ihnen ursprünglich göttliche Wesen stecken, können wir weder den Achäern noch den Aeolern zuweisen. Denn dass in der altachäischen Religion weder Hermes noch irgend ein anderer männlicher Gott ausser Zeus enthalten war, haben unsere frühern Untersuchungen ergeben; und zu der Annahme, dass Hermes einst in der Aeolischen Religion neben Hera gestanden habe, bietet weder der vorliegende Mythus den geringsten Grund, noch lässt sich dafür aus der gesammten Griechischen Mythologie irgend ein Datum anführen. Somit müssen Zeus und Hera aus unserm Mythus, in dem doch Hermes, Argos und Io unzweideutig als Hauptpersonen auftreten, entfernt und ihr Hinzutreten auf die Thatsache zurückgeführt werden, dass Achäer und Aeoler einst in Argolis eingedrungen

[1]) I. S. 131. I 67 ff. 247 ff.
[2]) ebendas. S. 249.

sind und dadurch ihren Gottheiten eine Stellung in dem
alten Landesmythus verschafft haben [1]).

Denn dass dieser Mythus einem ältern von den
Achäern und Aeolern bereits vorgefundenen Volkselemente
angehört, sagt er für jeden, der Verständnis dafür hat,
mit den deutlichsten Worten: nicht nur den Argos bezeichnet er als Autochthonen, sondern auch die Io, da
sie entweder Tochter eines von dem unsrigen zwar in
der Ueberlieferung unterschiedenen, aber offenbar mit
ihm identischen Argos, oder, wie Argos selbst, ein Kind
das (Landesflusses) Inachos genannt wird [2]). Ueber das
Volkselement selbst können wir auch nicht in Zweifel
sein; es sind die Ἀργεῖοι, ein Name, der zwar in der
Homerischen Poesie eine allgemeinere Bedeutung hat,
aber ohne Zweifel ursprünglich, wie der Name der Achäer,
nur zur Bezeichnung eines Stammes, natürlich keines
andern als eines einst in Argos sesshaften gedient hat.
Ob demselben Stamme ursprünglich auch Hermes angehört habe, lässt sich hier noch nicht entscheiden, doch
dürfen wir es vermöge der engen Beziehung des Ἀργειφόντης zu dem Mythus im voraus als wahrscheinlich
bezeichnen.

Dieser selbst scheint nun nach Ausscheidung des
Zeus und der Hera völlig sinnlos zu werden. Argos
πανόπτης bewacht die schwangere Io, aber Hermes
tödtet den Wächter und entführt jene? was soll das
heissen? Warum und zu welchem Zweck bewacht Argos
die Io, da die Eifersucht der Hera sie nicht mehr von
Zeus fern zu halten braucht? Warum und zu welchem
Zweck entführt Hermes sie, da er damit dem Zeus kei-

---

[1] Vgl. I. S. 207.
[2] Nach der Abstammung von Peiren hat ähnlichen Sinn,
da der Name an Peirene, die Tochter des Danaos, erinnert.

nen Dienst mehr erweisen kann? Darauf wird der Mythus in seiner ursprünglichen Fassung d. h. vor dem Eintritt des Zeus und der Hera, wohl eine Antwort gegeben haben, aber welche? Der halbzertrümmerte Mythus selbst soll uns den Weg zeigen sie aufzufinden.

Bewacht Argos die schwangere Io, so kann er dies ursprünglich nur in eigenem Interesse gethan haben, ist Io schwanger, so muss ein männliches Wesen vorhanden gewesen sein, mit dem sie in ehelicher Gemeinschaft gelebt hat. Nach Entfernung des Zeus bleibt dafür Niemand übrig als der Wächter selbst; Argos war also der ursprüngliche Gemahl der Io. Dass er ihr nahe gestanden, hat uns schon die Genealogie der beiden Wesen gezeigt, aber auch für das angenommene eheliche Verhältnis liegt ein klarer Beweis in der Ueberlieferung vor. Io hat die Gestalt einer Kuh, nicht durch die angeblich von Zeus ausgegangene Verwandlung, sondern weil damit ihr eigenstes Wesen symbolisch bezeichnet werden soll. Nun heisst es aber von Argos, er habe einst einen Stier getödtet und sich mit dessen Haut bekleidet [1]). Zeigen nun mehrfache Analogieen, dass in der Heroensage die alterthümliche Symbolik gern gemildert und in den Hintergrund geschoben wird, dass namentlich die symbolische Thiergestalt ursprünglich göttlicher Wesen beseitigt werden muss, weil sie zu der menschlichen Sphäre des Heroenthums nicht passt [2]), so erkennen wir deutlich,

---

[1]) Apollod. l. l. Apoll. Rh. I. 824. Hyg. f. 14. Schol. Eur. Phoen. 1116.

[2]) So schrieb Stesichorus, dass Artemis den Aktaion nicht verwandelt, sondern ihm ein Hirschfell umgeworfen habe. Paus. IX. 28. Auch die Kunst auf ihrer Höhe verschmäht es in solchen Fällen die Thiergestalt darzustellen, sie deutet sie nur an. Polygnot malte den Aktaion auf einem Hirschfelle sitzend. Paus. X. 30, 2 Die Kuhgestalt der Io wird nur durch die Hör-

dass der in eine Stierhaut gekleidete Argos ursprünglich als Stier gedacht wurde und als solcher der vollkommen entsprechende Gemahl der kuhgestaltigen Io war [1]).

Somit erzählte der ursprüngliche Mythus Folgendes: Die kuhgestaltige Io lebt mit dem stiergestaltigen Argos in ehelicher Gemeinschaft, von ihrem Gemahl, dem Allsehenden, aufs sorgfältigste bewacht. Doch stellt ihr Hermes nach und tödtet, um sie zu entführen, den wachsamen Gemahl.

Die Deutung, zu der wir jetzt schreiten, hat sich zuerst mit der ausdrücklichen Angabe der Alten, dass Io eine Benennung des Mondes sei [2]), abzufinden. Da die gar nicht zu verfehlende Etymologie des Namens von Wurzel *I*, gehen, jene Angabe unterstützt, so sehe ich keinen Grund sie zurückzuweisen, obschon gleich bevorwortet werden muss, dass wir in einer alten Stammesgöttin etwas mehr zu finden erwarten dürfen, als eine blosse Personification des Mondes, wie etwa Selene. Richten

---

ner angedeutet. Wie das Wolfssymbol in den Heroenmythen der Achäer bei Seite geschoben wird, haben wir seiner Zeit mehrfach hervorgehoben.

[1]) Dass der Gemahl der kuhgestaltigen Io selbst die Gestalt eines Stiers haben müsse, erschien auch dem Aeschylos selbstverständlich. Suppl. 300 f.:

B. οὔκουν πελάζει Ζεὺς ἐπ' εὐπαρῴῳ βοΐ;
Χ. φασὶν πρέποντα βουδόρῳ ταύρῳ δέμας.

Folgte der Dichter, wie doch wohl anzunehmen, hierin der Ueberlieferung, so ist es klar, dass Zeus, der den Argos aus seiner Stellung verdrängte, auch die Stiergestalt von diesem überkommen hat. Zu beachten ist auch, dass nach dieser Stelle des Aeschylos Io nicht erst nach geschehener Schwängerung in eine Kuh verwandelt wird, sondern in Uebereinstimmung mit der Idee des Mythus schon, indem sie sich mit Zeus gattet, diese Gestalt hat.

[2]) Die Stellen s. bei Welcker Prom. S. 127.

wir von hier aus unsern Blick auf den Namen Ἄργος
πανόπτης, so bestätigt dieser, was aus dem ursprünglichen Verhältnisse des Argos zur Io ohnehin sich ergibt,
dass er auf nichts Anderes als die Sonne bezogen werden kann. Denn Ἄργος, mit dem Adjectivum ἀργός
identisch, bedeutet „der Hellschimmernde, Glänzende" [1],
und was das Epitheton anbetrifft, so heisst auch Helios
πανόπτης [2], πανδερκής [3], παμφανόων [4], und bekannt
ist der Homerische Vers: Ἥλιος ὃς πάντ' ἐφορᾷ καὶ
πάντ' ἐπακούει. Also der Sonnengott Argos, der Allsehende, ist Gemahl der Mondgöttin Io, der Wandlerin.
Das ist ein in sich klarer und der mythischen Anschauung der Griechen, denen ja bekanntlich auch Helios
und Selene als Geschwister galten, nicht widersprechen-
der Gedanke. Allein es erhebt sich die Frage, warum
ihnen die symbolische Gestalt des Stiers und der Kuh
verliehen sei. Der Stier kann doch seiner Natur nach
kaum auf etwas Anderes als auf die Zeugungskraft bezogen werden und lässt hier um so weniger eine andere
Deutung zu, da der Argosstier in seiner Ehe mit der Io
wirklich einen Sohn erzielt. Zeugt aber die Sonne mit
dem Monde? Ich wenigstens wüsste nicht, was das sein
sollte, und finde auch weder in der Griechischen noch
in einer andern Mythologie ein Analogon, das uns das
Verständnis erschliessen könnte. Die Schwierigkeit wird
gehoben, wenn wir die Sprache zu Rathe ziehen. Das

---

[1] Diese Erklärung des Namens steht nicht in Widerspruch
mit der oben hervorgehobenen Beziehung desselben zu dem Namen der Stadt Argos und des Stammes der Ἀργεῖοι. Der Stamm
konnte sehr wohl sich selbst und seinen Wohnsitz nach dem Namen seines Gottes benennen.
[2] Aesch. Prom. 91 vgl. Frgm. 166.
[3] Orph. de lap. 18, 32.
[4] Hom. Od. XIII, 29.

Wort βοῦς lautet im Sanskr. gaus, Stamm gav; von demselben Stamme aber ist γῆ, γαῖα (aus γαρια) die Erde, herzuleiten ¹). Folglich standen in der alten Anschauung die Begriffe Erde und Kuh einander so nahe, dass man beide durch ein und dasselbe Wort ausdrücken konnte; auch bei den Aegyptern bedeutet das Rind als Hieroglyphe die Erde²). Das tertium comparationis liegt auf der Hand, es ist die nährende Kraft der Erde ³), die sie geeignet macht, unter dem Bilde der durch ihre nährende Milch den Menschen so nützlichen Kuh dargestellt zu werden. Also ist Io, die durch ihren Namen und das ihr beigelegte Umherirren als Mondgöttin bezeichnete, in ihrer symbolischen Kuhgestalt zugleich als Erdgöttin hingestellt, wofür uns die Fortsetzung des Mythus alsbald eine urkundliche Bestätigung bringen wird. Diese Combination von zwei physischen Substraten in einer mythischen Persönlichkeit mag auf den ersten Blick seltsam erscheinen, ist es im Grunde aber nur für den, welcher vergisst, dass die physischen Anschauungen nicht der eigentliche Grundstoff sind, aus dem die Göttergestalten gebildet werden, da vielmehr die dem Menschen angeborene Gottesidee nur ihre besondern Formen den Phänomenen der Natur entnimmt⁴). Einer richtigen Auffassung wird es nicht schwer werden zu begreifen, dass dem zeugenden Sonnengotte eine Göttin als Gemahlin zugesellt wurde, welche die Attribute ihres Wesens der Erde und dem Monde zusammen entlehnte.

---

¹) Leo Meyer. Vergleich. Gramm. I. S. 83. vgl. Bopp. Glossar. Sanscr. s. v.
²) Macrob. Sat. I. 19. Plut. de Is. et Os. c. 37.
³) πάντων γᾶ τροφός Eur. Phoen. 698; παμβῶτι γᾶ Soph. Phil. 391. χθὼν πουλυβότειρα Hom.
⁴) Vgl. oben S. 64 ff.

Jetzt können wir unsere Aufmerksamkeit dem Hermes zuwenden. Er scheint nur äusserlich und fast zufällig zu dem Mythus hinzuzutreten; doch ergibt sich bei näherer Betrachtung das Gegentheil. Schon sein Name, der ihn als den „Wanderer" bezeichnet, stellt ihn in ein enges Verhältnis zur Io, und das Phallussymbol, welches ihm in der spätern Mythologie, so wenig es in dieser zu seinem sonstigen Wesen stimmt, geblieben ist, legt ihm dieselbe Eigenschaft bei, die bei Argos durch das Stiersymbol ausgedrückt ist. Diese beiden Umstände lassen schon hinlänglich erkennen, dass er trotz seines feindlichen Auftretens gegen Argos ursprünglich mit diesem identisch ist. Das wird verständlich werden durch einen Rückblick auf die Achäische Religion. Auch dort ist Kronos, der dem Zeus nach dem Leben trachtet, dennoch nichts als eine besondere Phase dieses Gottes, und der Zeus Lykaios, der seinen Sohn verzehrt, vernichtet in diesem sein eigenes Ich. Wie nun hier der Getödtete die olympische, der Tödtende die chthonische Seite des Gottes repräsentirt, so haben wir auch in dem zeugenden Stiergotte Argos, der in fruchtbarer Ehe mit der kuhgestaltigen Erdgöttin lebt, den in der fruchtbaren Jahrzeit wirksamen olympischen Gott zu erkennen, und Hermes, der ihn tödtet und seine Gemahlin entführt, ist der chthonische Gott [1]), in dem Acte der Tödtung dem Kronos und Zeus Lykaios, in dem Acte der Entführung dem die Persephone entführenden Hades entsprechend. Diese chthonische Eigenschaft wird also durch das Epitheton Ἀργειφόντης ausgedrückt, das sich dem Hauptnamen des Gottes zur Be-

---

[1]) Als chthonischen Gott kennt ihn auch noch die gewöhnliche Mythologie, wenngleich nur in einer dürftigen Verkümmerung. Vgl. oben S. 44 und Preller, Griech. Myth. I. 853 f.

zeichnung seines chthonischen Characters eben so suftigt,
wie das Epitheton Λυκαῖος dem Namen des Zeus.

§. 5.

Io - Demeter.

Mit der Tödtung des Argos ist der Mythus noch
nicht zu Ende; er weiss vielmehr noch Mancherlei über
Io zu berichten. Apollodor a. a. O. fährt fort:

"Ἥρα δὲ τῇ Ἰοῖ οἶστρον ἐμβάλλει. ἡ δὲ πρῶτον ἧκεν
εἰς τὸν ἀπ' ἐκείνης Ἰόνιον κόλπον κληθέντα ἔπειτα διὰ
τῆς Ἰλλυρίδος πορευθεῖσα καὶ τὸν Αἷμον ὑπερβαλοῦσα
διέβη, τὸν τότε μὲν καλούμενον πόρον Θρᾴκιον, νῦν δὲ
ἀπ' ἐκείνης Βόσπορον. ἐπελθοῦσα δὲ εἰς Σκυθίαν καὶ
τὴν Κιμμερίδα γῆν, πολλὴν χέρσον πλανηθεῖσα καὶ πολλὴν διανηξαμένη θάλασσαν Εὐρώπης τε καὶ Ἀσίας, τε-
λευταῖον ἧκεν εἰς Αἴγυπτον· ὅπου τὴν ἀρχαίαν μορφὴν
ἀπολαβοῦσα γεννᾷ παρὰ τῷ Νείλῳ ποταμῷ Ἔπαφον
παῖδα. τοῦτον δὲ Ἥρα δεῖται Κουρήτων ἀφανῆ ποιῆσαι·
οἱ δὲ ἠφάνισαν αὐτόν. καὶ Ζεὺς μὲν αἰσθόμενος κτείνει
Κούρητας. Ἰὼ δὲ ἐπὶ ζήτησιν τοῦ παιδὸς ἐτράπετο
πλανωμένη, δὲ κατὰ Συρίαν ἅπασαν, ἐκεῖ γὰρ ἐμηνύετο,
ὡς τοῦ Βυβλίων βασιλέως γυνὴ ἐτιθήνει τὸν υἱόν, καὶ
τὸν Ἔπαφον εὑροῦσα, εἰς Αἴγυπτον ἐλθοῦσα ἐγαμήθη,
Τηλεγόνῳ τῷ βασιλεύοντι τότε Αἰγυπτίων. ἱδρύσατο δὲ
ἄγαλμα Δήμητρος, ἣν ἐκάλεσαν Ἶσιν Αἰγύπτιοι, καὶ
τὴν Ἰὼ Ἶσιν ὁμοίως προσηγόρευσαν.

Der letzte Theil des Berichtes ist offenbar nicht
mythischen Characters, aber dennoch für uns von der
grössten Wichtigkeit. Ist nämlich Demeter = Isis [1])
und Io = Isis, so ist auch Demeter = Io, kraft des

[1]) Vgl. Herod. II, 59. Ἶσις δέ ἐστι κατὰ τὴν Ἑλλήνων
γλῶσσαν Δημήτηρ.

mathematischen Satzes, dass zwei Dinge, die einem dritten gleich sind, auch unter einander gleich sein müssen. Was also immer der Grund dieser Identification der Io mit der Aegyptischen Göttin gewesen sein möge, ob die Kuhgestalt [1]) oder die ähnlich klingenden Namen oder Beides zusammen, so ist jedenfalls die aus jener Gleichstellung hervorgehende Identität der Io und Demeter eine urkundlich beglaubigte Thatsache, die übrigens, wie wir gleich hinzufügen, ihre völlig ausreichende Bestätigung alsbald noch in einer Reihe anderer Umstände finden wird. Es ergibt sich aber daraus für uns, nachdem wir die Identität des Hermes mit Argos und diesen als den Gemahl der Io erkannt haben, die gewichtvolle Folgerung, dass in der Religion des altargivischen Stammes Hermes und Demeter ehemals als Gemahl und Gemahlin neben einander gestanden haben, und nicht weniger bestätigt sich dadurch die Richtigkeit unserer Deutung der kuhgestaltigen Io auf die Erde, denn $Δημήτηρ$ ist, wie man jetzt wohl allgemein anerkennt, die „Erdmutter."

Im Uebrigen ist der Mythus so verworren, so versetzt mit fremdartigen Elementen aller Art, dass man kaum weiss, wo man den kritischen Hebel ansetzen soll. Zunächst fällt es auf, dass das Umherirren der Io doppelt vorkommt; das erste führt sie nach Aegypten, das andere nach Byblos. Nun ergibt allerdings unsere frühere Deutung, dass das Umherirren auf die Kreisbewegung des Mondes zu beziehen ist, und es hat also auch in dem ursprünglichen Mythus stattgefunden. Aber warum ist es hier doppelt gesetzt, und warum hat es das erste Mal Aegypten, das zweite Mal Byblos zum Endziel? Das sind offenbar Momente, die mit dem ur-

---

[1]) Herod. II, 41.

sprünglichen Sinn des Mythus nichts zu thun haben und
auf anderm Wege hinzugekommen sein müssen. Als
Motiv für das erste Umherirren wird angegeben eine
Bremse, welche Hera geschickt hatte; dieses, an sich
schon dem Geiste eines sonst sehr alterthümlichen Mythus wenig entsprechend [1]), fällt von selbst weg, nachdem wir Hera haben entfernen müssen. Das Ziel des
Umherirrens bleibt also, da die sonst hervorgehobenen
Localitäten aus leicht erkennbaren Gründen später hinzugefügt sind [2]), das einzige Motiv desselben. Ist nun an
sich klar, dass darin nur die Einflüsse historischer Verhältnisse erblickt werden können, so geben uns frühere
Untersuchungen über diese sofort Aufschluss [3]). In dem
Mythus von Danaos und seiner Töchter Flucht aus Aegypten haben wir nämlich eine bei Wanderungssagen
sehr beliebte Form des historischen Mythus erkannt,
eine s. g. Doppelwanderung, deren erstes Glied die Wanderung der Io nach Aegypten bildet. Es lag derselben
eine Betheiligung der Bewohner der Dorischen Hexapolis
an der um die Mitte des siebenten Jahrhunderts gesche-
henen Niederlassung Griechischer Völker in Aegypten
zum Grunde. Diese aus Argolis stammenden Bewohner
der Hexapolis, zu deren in dem Triopischen Bundeshei-
ligthum gefeierten Gottheiten auch Demeter gehörte, sind

---

[1]) Die Bremse ist nämlich nicht symbolisch zu verstehen,
sondern eigentlich, passt also nicht zu der blos symbolisch ge-
meinten Kuh.

[2]) Wenn Io z. B. nach dem Ἰόνιος κόλπος und nach dem
Bosporos sich wendet, so sind das nur etymologische Mythen,
so zu sagen Schmarotzergewächse, wie sie im Anschluss an alte
religiöse und historische Mythen oft vorkommen. Diese beiden
Localitäten und Aegypten sind aber die eigentlichen Richtpuncte
der ganzen Wanderung.

[3]) l. S. 58 ff.

also Veranlassung geworden, dass Io-Demeter nach Aegypten hinübergetragen und mit der Aegyptischen Isis identificirt worden ist. Fällt nun mit dieser Erkenntnis auch das letzte Motiv jenes ersten Umherirrens hinweg, so wäre dieses ganz zwecklos und bloss hinzugefügt, um gelegentlich eine Andeutung zu geben, dass die Göttin auch eine Beziehung auf den Mond habe. Das ist aber gegen den Geist des religiösen Mythus, der die symbolischen Attribute und Prädicate stets in einen gewissen causalen Zusammenhang innerhalb der Erzählung zu bringen liebt. Obendrein kann doch von Hermes, nachdem wir erkannt haben, dass er nicht in fremdem Auftrage handelt, nicht angenommen werden, er habe den Argos zu dem Zwecke getödtet, damit Io plan- und zwecklos in der Welt umherirre; es ist vielmehr anzunehmen und wird durch den einen gleichen Sinn ausdrückenden Mythus vom Raube der Persephone durch Hades wohl zur Gewisheit erhoben, dass er die Gemahlin des Argos sich selbst aneignen will. Dies musste der Mythus aufgeben, sobald durch das Eindringen des Zeus und der Hera Argos und Hermes beide zu blossen Dienern herabgesetzt wurden, die nur auf höhern Befehl handeln, und die so entstandene Lücke war nun ein bequemer Platz, um die Wanderung nach Aegypten einzufügen, für welche eine Anknüpfung leicht gefunden war, da man nur ein in dem religiösen Mythus ursprünglich vorkommendes Umherirren zu wiederholen und mit dem ersten besten sich darbietenden Grunde zu motiviren brauchte.

Denn das zweite Umherirren hat unzweifelhaft eine organische Stellung in dem religiösen Mythus. Das zeigt das angegebene Motiv, der Raub des Epaphos, obgleich natürlich auch hier Hera sammt den von ihr angestifteten Kureten zu entfernen sind, und nur das

Factum selbst festzuhalten ist. Zwar hat man den Epaphos selbst mit den Alten für den Aegyptischen Apis nehmen [1], den Namen aus Pe-Apis erklären wollen [2]). Allein der Name ist gut Griechisch und stellt sich ohne etymologische Künstelei zu dem Verbum ἀπαφίσκω, Stamm ἀπαφ. Die auch sonst namentlich im Inlaute gewöhnliche Schwächung des α in ε, die natürlich in der Reduplicationssylbe des Verbalstammes selbst nicht vorkommen kann, hatte bei einem davon gebildeten Namen, dessen Bedeutung bald nicht mehr verstanden wurde, eben so wenig Schwierigkeiten, als z. B. bei ἐπί Skr. api und dem Augment ε, das ja ebenfalls ursprünglich α lautete. Epaphos ist also der Betrüger, Täuscher und weist durch seinen Namen ganz unverkennbar auf Hermes hin, dessen List so oft hervorgehoben und der selbst Ἑρμῆς δόλιος genannt wird [3]). Was es zu bedeuten hat, dass der Gott hier auf einmal als der Sohn der Io erscheint, werden wir später erläutern; hier haben wir es erst mit der Kritik zu thun.

Ist nun aber auch der Raub des Epaphos an sich ein Stück des religiösen Mythus, so deutet es doch wieder auf historische Verhältnisse hin, dass er nach Byblos entführt und dort von Io gefunden wird. Diese lassen sich unschwer erkennen. Zwischen Byblos und Aegypten bestand von Alters her ein lebhafter Verkehr, der, wie gewöhnlich, auch zu einer Annäherung und theilweisen Verschmelzung der beiderseitigen Gottheiten geführt hatte. Der Aegyptische Isisdienst war in Verbindung getreten mit dem Dienste der Astarte der Byblier. So erzählte man denn, dass, als Typhon den Osiris in eine Kiste

---

[1] Herod. II, 153.
[2] O. Müller, Prolegg. S. 183.
[3] Paus. VII, 27, 1.

eingeschlossen und den Wellen preisgegeben habe, diese
in Byblos ans Land getrieben und von dem dortigen
Könige Malkander (Moloch), dem Gemahl der Astarte,
in sein Haus aufgenommen sei. Das habe nun Isis erfahren, sei nach Byblos gereist und habe die Kiste oder
den Sarg mit dem Körper des Gemahls glücklich wieder
in die Heimat zurückgebracht [1]). Diese Entführungsgeschichte, deren Sinn uns hier nichts angeht, zeigt so
viel äusserliche Aehnlichkeit mit der Entführung des
Epaphos nach Byblos, seiner Wiederauffindung und Zurückführung durch seine Mutter, dass sie uns das Räthsel auf der Stelle löst. War nämlich einmal von den in
Aegypten eingewanderten Hellenen Io-Demeter mit Isis
identificirt worden, so war es gar nicht anders möglich,
es musste auch jene Entführungsgeschichte des Osiris
mit der Entführung des Epaphos verwachsen, Io auch
hierin der Isis entsprechen.

Aber Plutarch's Bericht, dem wir jene Data entnommen haben, ist auch noch in anderer Hinsicht für
uns von so hohem Interesse, dass wir ihn ausführlich
mittheilen müssen. Nachdem er erzählt, dass Isis auf
die Kunde von dem Unglück ihres Gemahls sich eine
Locke abgeschnitten, ein Trauergewand angethan, dann
sich auf die Wanderung begeben (πλανωμένην) und jeden
Begegnenden um die Kiste befragt habe, fährt er fort:

Ἐκ δὲ τούτου πυθέσθαι (φησί) περὶ τῆς λάρνακος, ὡς
πρὸς τὴν Βύβλον χώραν ὑπὸ τῆς θαλάττης ἐκκυμανθεῖσαν
αὐτὴν ἐρίκῃ τινὶ μαλθακῶς ὁ κλύδων προσέμιξεν· ἡ δὲ
ἐρίκη κάλλιστον ἔρνος ὀλίγῳ χρόνῳ καὶ μέγιστον ἀναδραμοῦσα περιέπτυξε καὶ περιέφυ καὶ ἀπέκρυψεν ἐντὸς ἑαυτῆς· θαυμάσας δὲ ὁ βασιλεὺς τοῦ φυτοῦ τὸ μέγεθος
καὶ περιτεμὼν τὸν περιέχοντα τὴν σορὸν οὐχ ὁρωμένην

---

[1]) Plut. de Is. et Os. c. 14 ff.

κόπον ἔρεισμα τῆς στέγης ὑπέστησε. ταῦτά τε ἀνεύ-
ματί φασι δαιμονίῳ φήμης πυθομένην τὴν Ἶσιν εἰς Βύβλον ἀφικέσθαι καὶ καθίσασαν ἐπὶ κρήνης ταπεινὴν καὶ
δεδακρυμένην ἄλλῳ μὲν μηδενὶ προςδιαλέγεσθαι, τῆς δὲ
βασιλίδος τὰς θεραπαινίδας ἀσπάζεσθαι καὶ φιλοφρο-
νεῖσθαι τήν τε κόμην πλέκουσαν αὐτῶν καὶ τῷ χρωτὶ
θαυμαστὴν εὐωδίαν ἐπιπνέουσαν ἀφ᾽ ἑαυτῆς. ἰδούσης
δὲ τῆς βασιλίδος τὰς θεραπαινίδας, ἵμερον ἐμπεσεῖν
τῆς ξένης τῶν τε τριχῶν τοῦ τε χρωτὸς ἀμβροσίαν πνέ-
οντος· οὕτω δὲ μεταπεμφθεῖσαν καὶ γενομένην συνήθη
ποιήσασθαι τοῦ παιδίου τὴν τίτθην. ὄνομα δὲ τῷ μὲν
βασιλεῖ Μάλκανδρον εἶναί φασιν· αὐτῇ δὲ οἱ μὲν Ἀστάρ-
την, οἱ δὲ Σάωσιν, οἱ δὲ Νεμανοῦν ὅπερ ἂν Ἕλληνες
Ἀθηναΐδα προςείποιεν.

Τρέφειν δὲ τὴν Ἶσιν, ἀντὶ μαστοῦ τὸν δάκτυλον εἰς
τὸ στόμα τοῦ παιδίου διδοῦσαν, νύκτωρ δὲ περικαίειν
τὰ θνητὰ τοῦ σώματος. αὐτὴν δὲ γενομένην χελιδόνα τῇ
κίονι περιπέτεσθαι καὶ θρηνεῖν, ἄχρις οὗ τὴν βασίλισ-
σαν παραφυλάξασαν καὶ ἐκραγοῦσαν ὡς εἶδε περικαιό-
μενον τὸ βρέφος ἀφελέσθαι τὴν ἀθανασίαν αὐτοῦ. τὴν
δὲ θεὰν φανερὰν γενομένην αἰτήσασθαι τὴν κίονα τῆς
στέγης κ. τ. λ.

Ich sollte meinen, dass jeder, der den Homerischen
Hymnus auf Demeter einigermassen im Gedächtnis hat,
auch ohne von mythologischem Interesse geleitet zu werden, sofort beim Lesen dieser Erzählung auffällige Uebereinstimmungen wahrnehmen müsste. Auch Demeter
hüllt sich, sobald ihr die Tochter geraubt ist, in ein
schwarzes Trauergewand; auch sie setzt sich bei ihrer
Ankunft in Eleusis an einen Brunnen, spricht die Töchter des Keleos an und weiss es durch deren Vermittlung
dahin zu bringen, dass sie ins Haus aufgenommen und
ihr die Pflege des jungen Königssohnes anvertraut wird.
Diesen behandelt sie dann eben so wie Isis, bis sie

gleichfalls von der Mutter belauscht und durch deren
Aufschrei gestört wird, worauf sie sich als Göttin zu
erkennen gibt. Solche Uebereinstimmungen sind nicht
zufällig, können auch nicht etwa aus einer gewissen
Aehnlichkeit der zu Grunde liegenden Anschauungen er-
klärt werden, sondern nur aus einer Uebertragung und
Vermischung. Diese auf Rechnung von Dichtern oder
Mythographen zu schreiben, die, mit dem Homerischen
Hymnus bekannt, den Isismythus mit daher entlehnten
Einzelheiten ausgeschmückt hätten [1], ist nicht möglich.
Denn theils haben wir gesehen, dass die umgekehrte
Einwirkung des Isismythus auf den Mythus von Io auf
lebendigem Verkehr beruht, theils werden wir auch unten lernen, dass ein Punct in dem Demetermythus aus
dem Byblischen Mythus entlehnt ist. Beruht nun aber
die stattgefundene Vermischung auf denselben Gründen,
wie in dem Iomythus, so ergeben sich daraus gewichtige
Folgerungen. Nicht nur bestätigt sich daraus abermals
die völlige Identität der Io und Demeter, sondern es
wird auch zur Gewissheit, dass die in Aegypten angesiedelten Träger des Mythus von Io-Demeter dasselbe zu
erzählen wussten, was man in Eleusis von Demeter erzählte, und da diese Träger aus Argos stammten, dass
man ehedem hier von Io-Demeter denselben Mythus hatte,
den wir aus Eleusis kennen, an letzterem Orte freilich
vermischt mit Elementen, welche theils einem andern
Religionskreise angehörten, theils auf besondern localen
Verhältnissen beruhten. Ausserdem aber bestätigt sich,
was in unsern Untersuchungen über die Kaukonische
Religion bereits mit andern Gründen dargethan ist [2],
dass Demeter von Haus aus mit Persephone nichts zu

---

[1] Preller, Dem. u. Pers. S 41.
[2] I. S. 167 ff.

thun hat; denn von Persephone weiss weder der Byblische noch der Argolische Mythus etwas. Vielmehr sagt der letztere ausdrücklich, dass Io den ihr geraubten Sohn sucht, und der oben aufgedeckte Zusammenhang des Byblischen Isismythus mit dem Argolischen Iomythus einerseits und dem Eleusinischen Demetermythus andererseits lässt schon hier keinen Zweifel, dass der Knabe, dessen Pflege Demeter im Hause des Keleos übernimmt, identisch ist mit Epaphos, dem Sohn der Io, und folglich ursprünglich dieser, nicht Persephone, das geraubte und gesuchte Kind der Demeter war.

Mit diesen Resultaten der Kritik begnügen wir uns hier und wenden uns erst zu dem Eleusinischen Mythus, weil dieser für die Deutung uns neue und bedeutsame Anhaltspuncte gewähren wird.

§. 6.

Demeter in Eleusis.

Unsere Hauptquelle muss selbstverständlich hier der Homerische Hymnus sein; doch ist daneben Apollodor nicht zu vernachlässigen, der namentlich in den Attischen Mythen guten Gewährsmännern folgt. Wir stellen seinen Bericht, der mehrere Eigenthümlichkeiten hat, voran:

Πλούτων Περσεφόνης ἐρασθεὶς Διὸς συνεργοῦντος ἥρπασεν αὐτὴν κρύφα. Δήμητρα δὲ μετὰ λαμπάδων νυκτός τε καὶ ἡμέρας κατὰ πᾶσαν τὴν γῆν ζητοῦσα περιῄει· μαθοῦσα δὲ παρ' Ἑρμιονέων, ὅτι Πλούτων αὐτὴν ἥρπασεν, ὀργιζομένη θεοῖς ἀπέλιπεν οὐρανόν. εἰκασθεῖσα δὲ γυναικὶ ἧκεν εἰς Ἐλευσῖνα καὶ πρῶτον μὲν ἐπὶ τὴν ἀπ' ἐκείνης κληθεῖσαν Ἀγέλαστον ἐκάθισε πέτραν παρὰ τὸ Καλλίχορον φρέαρ καλούμενον. Ἔπειτα πρὸς Κελεὸν ἐλθοῦσα τὸν βασιλεύοντα τότε Ἐλευσινίων ἔνδον οὖσῶν γυναικῶν καὶ λεγοισῶν τούτων παρ' αὐτὰς καθέζεσθαι, γραῖά τις Ἰάμβη σκώψασα τὴν θεὸν ἐποίησε μειδιάσαι. διὰ τοῦτο ἐν τοῖς Θεσμοφορίοις τὰς γυναῖκας σκώπτειν λέγουσιν.

Ὄντος δὲ τῇ τοῦ Κελεοῦ γυναικὶ Μετανείρᾳ παιδίου, τοῦτο ἔθρεψεν ἡ Δημήτηρ παραλαβοῦσα· βουλομένη δὲ αὐτὸν ἀθάνατον ποιῆσαι τὰς νύκτας εἰς πῦρ κατετίθει τὸ βρέφος καὶ περιῄρει τὰς θνητὰς σάρκας αὐτοῦ, καθ' ἡμέραν δὲ παραδόξως αὐξανομένου τοῦ Δημοφῶντος, τοῦτο γὰρ ἦν ὄνομα τῷ παιδί, ἐπετήρησε Μετάνειρα, εἰ πράξει θεά. καὶ καταλαβοῦσα εἰς πῦρ ἐγκεκρυμμένον ἀνεβόησε· διόπερ τὸ μὲν βρέφος ὑπὸ τοῦ πυρὸς ἀνηλώθη, ἡ θεὰ δὲ αὑτὴν ἐξέφηνε. Τριπτολέμῳ δὲ, τῷ πρεσβυτέρῳ τῶν Μετανείρας παίδων, δίφρον κατασκευάσασα πτηνῶν δρακόντων καὶ πυρὸν ἔδωκεν, ᾧ τὴν ὅλην οἰκουμένην δι' οὐρανοῦ αἰρόμενος κατέσπειρε. Πανύασις δὲ Τριπτόλεμον Ἐλευσῖνος λέγει. φησὶ γὰρ Δήμητραν πρὸς αὐτὸν ἐλθεῖν. Φερεκύδης δέ φησιν αὐτὸν υἱὸν Ὠκεανοῦ καὶ Γῆς [1]).

Den Inhalt des Homerischen Hymnus geben wir, da ein Abdruck des Textes unzweckmässig wäre, in möglichst getreuer Uebertragung; den Eingang und den Schluss werden wir indessen nur kurz berühren, da diese Partieen sich ausschliesslich mit der Persephone beschäftigen und folglich für uns hier keine Bedeutung haben.

Als die Göttin das Schreien ihres von dem Räuber fortgeführten Kindes vernimmt, ergreift sie gewaltiger Schmerz; sie zerreisst ihren Schleier, hüllt sich in ein dunkles Gewand und eilt suchend über Land und Meer dahin. Niemand kann ihr Kunde geben. Neun Tage lang kreist sie umher (στρωφᾶτο), brennende Fackeln

---

[1]) Apollod. I, 5, 1. 2. Die weitere Erzählung von der Wiederkunft der Kora geht uns hier nichts an.

in den Händen (αἰθομένας δαΐδας μετὰ χερσὶν ἔχουσα), ohne zu essen und zu trinken. Am zehnten Tage begegnet ihr Hekate, kann ihr aber keine Auskunft geben. Dann wendet sie sich an Helios, der ihr mittheilt, dass Hades ihre Tochter mit Einwilligung des Zeus in sein Reich entführt habe, und sie zu trösten sucht. Dem Zeus grollend verlässt sie die Versammlung der Götter und den Olymp und geht zu den Städten der Menschen in entstellter Gestalt, so dass Niemand sie erkennt. So kommt sie zu dem Hause des Keleos, der damals über Eleusis herrschte. Sie setzt sich dem Wege nahe an den Jungfernbrunnen (Παρθένιον φρέαρ), aus dem die Bürger Wasser zu holen pflegen, in den Schatten eines Oelbaums; sie sieht aus wie eine alte Frau, die über die Zeit des Gebärens hinaus ist.

οἷαί τε τροφοί εἰσι θεμιστοπόλων βασιλήων
παίδων, καὶ ταμίαι κατὰ δώματα ἠχήεντα.

Dort finden sie die vier Töchter des Keleos, Kallithoe, Demo, Kallidike und Kleisidike, welche Wasser holen wollen. Sie erkennen die Göttin nicht und fragen sie, wer und woher sie sei. Die Göttin gibt an, sie heisse Deo und stamme aus Kreta; Räuber haben sie entführt, sie sei denselben aber bei der Landung in Thorikos entflohen. Unter Schmeichelworten bittet sie um Mitleid:

ἔμ' αἴτ' οἰκτείρατε, κοῦραι,
προφρονέως, φίλα τέκνα, τέως πρὸς δώμαθ' ἵκωμαι
ἀνέρος ἠδὲ γυναῖκος, ἵνα σφίσιν ἐργάζωμαι
πρόφρων, οἷα γυναικὸς ἀφήλικος ἔργα τέτυκται.
καί κεν παῖδα νεογνὸν ἐν ἀγκοίνῃσιν ἔχουσα
καλὰ τιθηνοίμην καὶ δώματα τηρήσαιμι·
καί κε λέχος στορέσαιμι μυχῷ θαλάμων εὐπήκτων
δεσπόσυνον, καί κ' ἔργα διδασκήσαιμι γυναῖκας.

Jene nennen ihr die vornehmsten Männer des Landes, deren Gattinnen sämmtlich bereit sein würden sie aufzunehmen; sie bitten sie aber zu warten, bis sie ihrer Mutter Nachricht gegeben; die habe einen kleinen Sohn, dessen Wartung und Pflege ihr reichen Lohn einbringen würde. Die Göttin willigt ein, die Mädchen eilen nach Hause und erzählen ihrer Mutter, was sie gehört und gesehen. Diese befiehlt ihnen die Fremde unter dem Versprechen reichlichen Lohnes herbeizuführen; rasch vollziehen sie den Befehl. Die Göttin schreitet hinter ihnen her, traurigen Sinns, das Haupt verhüllt, das dunkle Gewand flattert um die Füsse. Beim Eintritt in die Halle finden sie die Mutter neben dem Pfeiler der Decke sitzend, den Knaben am Busen. Als die Göttin die Schwelle betritt, berührt ihr Haupt die Decke, und die Thür füllt sich mit göttlichem Glanze. Scheu und Furcht ergreift die Mutter, sie räumt ihren Sitz und fordert die Göttin auf sich niederzulassen. Aber diese will nicht, bis Iambe ihr einen Sitz bereitet. Da sitzt sie lange, schweigsam, ohne zu lachen und ohne Speise und Trank zu geniessen, bis es der Iambe gelingt, mit ihren Spässen sie zum Lachen zu bringen. (Hier folgt der Vers: ἣ δή οἱ ἔπειτα μεθύστερον ἥαδεν ὀργαῖς, wo dann eine Lücke im Texte sich findet; doch machen die angeführten Worte schon genügend deutlich, dass wir es hier mit einer prototypischen Beziehung auf Festgebräuche zu thun haben [1])). Metaneira reicht ihr nun einen Becher Weins, den sie ausschlägt und einen κυκεών zu bereiten befiehlt. Diesen nimmt sie an (δεξαμένη δ' ὁσίης ἐπέβη πολυπότνια Δηώ, also wieder ein prototypischer Zug). Jetzt übergibt ihr Metaneira unter freundlichem Wechselgespräch den Knaben Demophon,

---

[1] Vgl. auch die Worte Apollodor's: διὰ τοῦτο ἐν τοῖς θεσμοφορίοις τὰς γυναῖκας σκώπτειν λέγουσιν.

der dann unter ihrer Pflege wunderbar gedeiht, da ihn die Göttin mit Ambrosia salbt und Nachts wie einen Feuerbrand ins Feuer steckt. Das würde ihn unsterblich gemacht haben, wenn nicht Metaneira gelauscht und beim Anblick des seltsamen Thuns der Fremden vor Schreck laut geschrieen hätte. Da zürnt die Göttin, gibt sich zu erkennen und befiehlt ihr einen Tempel und Altar zu gründen. Dies wird ausgeführt, nachdem Keleos am folgenden Morgen eine Volksversammlung berufen hat. Dort sitzt nun Demeter, getrennt von den seligen Göttern, und in ihrem Groll verdirbt sie die Saat, dass die Menschen fast vor Hunger starben, bis endlich Zeus sich ins Mittel schlägt.

Indem nun die Erzählung den lange unterbrochenen Faden wieder aufnimmt, berichtet sie die Wiederkehr der Persephone. Demeter lässt ihren Groll fahren und kehrt zu den Göttern zurück, nachdem sie zuvor den Königen Triptolemos, Diokles, Eumolpos und Keleos die Gebräuche der Eleusinischen Mysterien gelehrt hat (δείξε δρησμοσύνην θ᾿ ἱερῶν καὶ ἐπέφραδεν ὄργια πᾶσιν σεμνά, τά τ᾿ οὔπως ἔστι παρεξίμεν οὔτε πυθέσθαι οὔτ᾿ ἀχέειν· μέγα γάρ τι θεῶν ἄγος ἰσχάνει αὐδήν).

Es sind, auch abgesehen von der grössern Ausführlichkeit des Hymnus, einige Differenzen in beiden Erzählungen, die aber fast nur unwesentliche Puncte betreffen. Statt des Jungfernbrunnens nennt Apollodor den Brunnen Καλλίχορος, wie auch Pausanias [1]); den Felsen Ἀγέλαστος kennt der Hymnus nicht; die Töchter des Keleos werden von dem Mythographen nicht genannt, vielleicht weil er in ihnen nur unwesentliche Nebenpersonen sah. Nicht zu übersehen ist, dass der Knabe nach Apollodor vom Feuer verzehrt wird, während er

---

[1]) Paus. 1, 38, 6.

dem Hymnus zufolge am Leben bleibt. Endlich ist noch die Aussendung des Triptolemos zur Verbreitung des Getreidebaus in der ganzen Welt dem Apollodor eigenthümlich. Darin erblicken wir einen spätern Zusatz aus der Zeit, wo Eleusis, als bei der steigenden Macht Athens auch die Mysterien an Ansehen gewonnen hatten, den Anspruch erhob, die Metropole des Ackerbaus zu sein [1]).

Der Kritik sind schon durch die frühern Ermittelungen die grössten Schwierigkeiten aus dem Wege geräumt, da wir bereits wissen, dass die umherirrende Demeter der umherirrenden Io identisch ist. Doch gibt der Hymnus, welcher gewissermassen da anknüpft, wo der Iomythus aufhört, nicht zu verachtende Bestätigungen. Wenn man nämlich die Erzählung selbst ohne alle kritische Gesichtspuncte liest, so begreift man Manches nicht recht. Warum geht Demeter nach Eleusis? Kann sie hoffen, dort irgend etwas von ihrer Tochter zu erfahren? Nein. Also ist die Ankunft an diesem Orte durch den Mythus vom Raube der Persephone gar nicht motivirt, sie scheint ganz plan- und zwecklos zu erfolgen. Nun mildert sich zwar diese Schwierigkeit durch die Erwägung, dass die Erzählung des Hymnus zugleich als Stiftungslegende des Eleusinischen Cultus gelten will, und an und für sich hat es kein Bedenken, dass sich dergleichen einem religiösen Mythus anschliesst, aber höchst auffallend bleibt, dass beide Elemente ohne genügende Verbindung neben einander hergehen; denn dass die Göttin in ihrem Groll die Gemeinschaft der Götter meiden will, braucht sie doch nicht gerade nach Eleusis zu führen. Wenn nun aber die Ankunft der Göttin in

---

[1]) Der Anspruch wurde den Eleusiniern von den Argivern streitig gemacht, die sich in Folge davon auch den Triptolemos aneigneten. Preller, Dem. u. Pers. S. 299 f.

Eleusis lediglich den Zweck hat, die Stiftung des Cultus herbeizuführen, warum geht sie nicht gerade auf ihr Ziel los? Warum gibt sie sich nicht sofort zu erkennen, sondern macht sich unkenntlich? Denn hätte sie sich gleich in ihrer göttlichen Gestalt gezeigt, so würde man sofort bereit gewesen sein, ihr Tempel und Altar zu gründen. Warum endlich gibt sie sich so sichtlich Mühe, gerade als Kinderwärterin ein Unterkommen zu finden, und warum pflegt sie den Demophon? Die Bemerkung, dass sie darin sich als κουροτρόφος darstelle [1]), erklärt dies nicht. Alle diese Fragen finden ihre befriedigende Lösung durch die aus dem Iomythus bereits feststehende Thatsache, dass Demophon der geraubte Sohn der Göttin ist. Was also die mythologische Kritik vorhin ergeben hat, das bestätigt sich aus den Gesichtspuncten der ästhetischen Kritik; denn man sieht deutlich, dass es dem Hymnendichter nicht hat gelingen wollen, das eingedrungene fremde Element, den Raub der Persephone, zu einer ohne Anstoss fortschreitenden Erzählung mit dem älteren Mythus zu verschmelzen, und ich denke auch, dass, rein vom Standpuncte der Poesie aus betrachtet, die Erzählung ausserordentlich an Tiefe gewinnt, wenn wir jetzt einsehen, dass die Göttin, um die Pflege des geraubten Sohnes zu erhalten, ihre ganze göttliche Würde und Hoheit ablegt und sich zu gemeinen Magddiensten erbietet. Ich wenigstens wüsste nicht, wie man die unendliche Fülle der Mutterliebe ergreifender und zugleich einfacher schildern könnte, als der Hymnus es thut, indem er die unverstandene Ueberlieferung in Einfalt wiedergibt.

Dass die Entführung des Sohnes das Motiv des Umherirrens der Göttin ist, konnte zu Eleusis, nachdem

---

[1]) Preller, Dem. u. Pers. S. 110.

hier durch Zuwanderung Kaukonischen Volks ¹) der Cult
der Persephone sich mit dem Demetercalte verschmolzen
hatte und die von Hades entführte Göttin zur Tochter
der Demeter geworden war, in dem gemischten Mythus
natürlich nicht beibehalten werden; denn das Eine schloss
das Andere aus. Aber die Zähigkeit des Mythus gibt
nicht mehr auf, als durchaus nothwendig ist, und weiss
oft in versteckter Weise anzudeuten, was ohne einen
handgreiflichen Widerspruch nicht offen ausgesprochen
werden kann. So verrathen Namen und Genealogie hier
noch sehr deutlich das Ursprüngliche. Don Demophon
stellt sein Name der Demeter nahe; nicht bloss durch
äusserlichen Anklang, denn Demeter selbst führte auch
den Namen Demo ²), von dem Worte $δῆμος$, welches
selbst wieder auf $δῄ$, $δᾶ$ sich zurückführt. Keleos, sein
Vater, ist ein Abkömmling des Hermes, denn er ist ein
Sohn des Eleusis ³), dieser aber ein Sohn des Hermes ⁴);
und der Name selbst, unzweifelhaft von $κέλλω$, $κέλης$
(Wurzel kal) abzuleiten, ist seiner Bedeutung nach identisch mit dem Namen $Ἑρμῆς$. Folglich ist Keleos der
heroische Repräsentant dieses Gottes, woraus wiederum
folgt, dass Metaneira, seine Frau, die Demeter vertritt.
Beides ergibt sich auch obendrein schon aus dem Verhältnisse der beiden Gatten zu Demophon. Um aber
den Namen der Metaneira verstehen zu können, müssen
wir erst eine Frage einschalten, die wir bis jetzt um-

---

1) Der Nelide Melanthos wandert von Messene, durch die
Dorier vertrieben, in Eleusis ein und gewinnt von da aus die
Attische Königswürde. Das ist der sehr verständliche mythische
Ausdruck für die oben berührte geschichtliche Thatsache. Athen.
p. 96e. Strab. IX. p. 898. Paus. II. 18, 9.
2) Suid. s. v. vgl. Preller, Dem. u. Pers. S. 135. 368.
3) Hymn. Cer. 105.
4) Paus. I. 38, 7. Hyg. f. 275.

gangen haben. Wer hat den Sohn der Demeter entführt? In dem Iomythus waren die Kureten genannt, die wir aber entfernen mussten, ohne dass sich ausmachen liess, wen sie aus seiner Stellung verdrängt hatten. In dem Isismythus ist eben so durch Verschmelzung mit einem fremden Culte der Raub des Knaben ganz bei Seite geschoben. Da also die Ueberlieferung überall durch das Eindringen fremder Elemente lückenhaft geworden ist, so sehen wir uns auf die Conjectur angewiesen, die aber gar nicht fehlgreifen kann, da in dem religiösen Mythus eines Stammes nur die von diesem verehrten Gottheiten oder Persönlichkeiten, die um des Bedürfnisses der dramatischen Darstellung willen aus diesen gebildet und gewissermassen abgelöst sind, auftreten können [1]. Hieraus ergibt sich, dass nur Hermes oder in unserm Mythus dessen Repräsentant Keleos den Demophon-Epaphos geraubt haben kann, derselbe, in dessen Behausung er von Demeter gefunden wird. Nun wird der Name *Μετάνειρα* sofort deutlich. Etymologisch kann er nichts Anderes bedeuten als „die den Mann Verfolgende" [2]; Metaneira ist folglich die ihren Gemahl, den Räuber ihres Sohnes, verfolgende Göttin, bezeichnet diese also, wie es bei solchen durch das Bedürfnis der dramatischen Darstellung aus einer Gottheit ausgesonderten Persönlichkeit gewöhnlich ist, nur nach der einzelnen Function, die an der Stelle gerade zu verrichten ist. Dass nun dennoch Metaneira mit Keleos friedlich als dessen Gemahlin zusammen lebt, statt dass ihr die Functionen, welche die Göttin selbst verrichtet, übertragen sein sollten, erklärt sich

---

[1] Vgl. den in dieser Hinsicht besonders lehrreichen Mythus von Melampus, I. B. 178 ff.
[2] ἡ τὸν ἄνδρα μέτεισι. Zu der Bildung des Namens vergl. das Homerische ἀντιάνειρα.

daraus, dass, sobald der Eleusische Mythus die Stiftung des Cultus zum Mittelpunct der Erzählung erhoben hatte und ausserdem Persephone hinzugekommen war, die Göttin in eigener Person auftreten musste und vor allem nicht mehr als die Mutter des Demophon gelten konnte. Uebrigens muss noch hervorgehoben werden, wie es erst jetzt verständlich wird, warum die Göttin sich unkenntlich macht; wollte sie in das Haus ihres Gemahls eindringen und ohne dessen Wissen und Willen dort den Sohn pflegen, so konnte sie nicht in ihrer wahren Gestalt auftreten.

Nun bleiben uns noch die Töchter des Keleos übrig. Es brauchten nicht gerade Töchter des Keleos zu sein, welche die Aufnahme der Göttin in das Haus vermittelten; Dienerinnen konnten dasselbe thun, und der Isismythus kennt auch nur θεραπαινίδες. Schon daraus ergibt sich, dass sie für die religiöse Idee an sich nicht nothwendig sind, was jedoch erst weiter unten entwickelt werden kann. Hier betrachten wir nur die Namen. Unter diesen weisen zwei deutlich genug auf die Göttin. Von dem Namen Demo ist dies aus dem oben Gesagten klar; Καλλιδόη, Schönwandlerin, ist auch ein Beiname der Io [1]), der diese offenbar wieder als die wandelnde Mondgöttin bezeichnet. In den beiden Namen spricht sich also die uns bereits bekannte doppelte Bedeutung der Göttin aus; das ist nicht ohne Interesse, da später der Demeter die Beziehung auf den Mond ganz abhanden gekommen ist, die indessen in unserm Mythus auch durch die nachdrücklich hervorgehobene Thatsache, dass die Göttin auf ihrer Wanderung Fackeln in den Händen hält, was fast mit denselben Worten im Hymnus auch von der Mondgöttin Hekate gesagt wird, noch ausserdem

---

[1]) Welcker, Prom. S. 134.

mehr verständlich angedeutet ist. — Auch die Namen
Κλεισιδίκη und Καλλιδίκη lassen sich ohne Zwang auf
die Demeter Θεσμοφόρος beziehen. Wir sehen also, dass
das vorhin angezogene Gesetz des religiösen Mythus, die
Persönlichkeiten, die er für seine dramatische Entwicklung bedarf, wo möglich aus den Gottheiten selbst hervorgehen zu lassen, auch hier Anwendung gefunden hat.

§. 7.

Deutung des Eleusinischen Mythus.

Der bisherige Gang unserer Untersuchungen hat erwiesen, dass in der Ueberlieferung selbst der Eleusinische Mythus mit dem Argivischen von der Entführung der Io durch den Argostödter Hermes im engsten Zusammenhange steht. Diesen Zusammenhang muss auch die Deutung festhalten.

Mit der Tödtung des Argos πανόπτης, des zeugenden Stiers, ist ein Act vollzogen, welcher in der Achäischen Religion das Schlachten und Verzehren des Zeuskindes der Bedeutung nach genau entspricht (vgl. oben S. 286). Nun haben wir aber bei der Behandlung der bezüglichen Achäischen Mythen gesehen [1]), welche Schwierigkeiten es der mythischen Darstellung bereitete, festzuhalten, dass dennoch der Gott in Wahrheit nicht gestorben ist, sondern (in der Unterwelt) fortlebt, um demnächst im Frühling mit frischer Kraft wieder hervorzutreten. Dieselbe Schwierigkeit liegt auch hier vor und wird in einer Weise beseitigt, die zwar mit der dort beliebten manche Aehnlichkeit hat, aber auch in andern Puncten sich wieder davon unterscheidet. Der Gott wird nämlich auch hier mit dem Aufhören der fruchtbaren

---

[1]) S. 189 ff.

Jahreszeit als ein kleines Kind gefasst, welches ähnlich wie der Zeusknabe in der Höhle von Lyktos, in der Unterwelt weilt und gepflegt wird. Aber es ist scheinbar eine neue Persönlichkeit, von dem Argosstier ganz geschieden und nur durch sein Sohnesverhältnis mit ihm in nahe Beziehung gesetzt. Daneben verräth freilich sein Namen (Epaphos), dass er der Gott selbst ist. In dieser seiner neuen Phase steht er aber in demselben feindlichen Gegensatze zu dem Unterweltsgotte wie Argos, und er wird dermaleinst, wenn er herangewachsen ist, mit jenem um die Herrschaft kämpfen (wie dor zum Jüngling erstarkte Zeus mit Kronos). Das weiss jener, und deshalb entreisst er ihn der Pflege seiner Mutter und entführt ihn in seine Behausung. Das ist allerdings in den uns vorliegenden beiden Mythenformen nicht geradezu ausgesprochen, da die Mischung mit fremden Mythenformen eben an dieser Stelle störend dazwischen getreten ist. Allein der Eleusinische Mythus lässt es noch errathen, da Keleos, in dessen Hause die suchende Göttin den Sohn findet, offenbar für den Räuber gelten muss. Diesen haben wir aber an seinem Namen und seiner Genealogie als eine Hermesgestalt erkannt, und zwar repräsentirt derselbe die unterweltliche Phase des Gottes. Als solche characterisirt er sich eben durch den Act des Raubes, den wir ihm haben zuschreiben müssen, noch mehr aber dadurch, dass die Göttin, um in seine Behausung zu gelangen, selbst unterweltliche Gestalt annehmen muss. Denn dass das Aeussere der Göttin und ihr ganzes Verhalten, wie es der Eleusinische Hymnus darstellt, dies sehr verständlich ausspricht, habe ich schon vor längerer Zeit gezeigt[1]). Sie ist alt, in schwarzes Gewand gehüllt, sie lacht nicht, spricht nicht, isst

---

[1]) Arch. 8. 50.

und trinkt nicht, lebt, so lange ihr Aufenthalt dort
dauert, fern von den Göttern — lauter Charakterzüge,
die von mir an mehreren Beispielen als chthonische nachgewiesen sind [1]). Und wenn nun auch dieses Verhalten
in dem gewöhnlichen Zusammenhange des Eleusinischen
Mythus durch die Trauer um ihre angebliche Tochter
Persephone genügend motivirt zu sein scheint, so ist
doch nicht nur diese Motivirung mit der Entfernung der
Persephone beseitigt, sondern wir wissen auch aus zahlreichen Analogieen, dass nicht die angegebenen Motive,
sondern vor allem die berichteten Thatsachen selbst als
Bestandtheile des mythischen Kerns zu fassen und zu
deuten sind [2]). Aus dieser Erkenntnis nun, dass Demeter, so lange sie im Hause des Keleos und in Eleusis
weilt, selbst eine unterweltliche Göttin ist, ergibt sich,
dass die angegebene Oertlichkeit in dem ursprünglichen
Zusammenhange die Unterwelt war, wenn auch die Um-
wandlung des Mythus in eine Stiftungslegende des Eleusinischen Heiligthumes jede weitere Andeutung davon verwischt hat [3]). Vielleicht war, wie in dem Achäischen
Mythus die Höhle von Lyktos, auch hier ursprünglich
eine Höhle als symbolische Bezeichnung der Unterwelt
genannt.

Scheint nun durch unsere Deutung genügend begreiflich, dass die Persönlichkeit des Gottes sich hier (eben
so wie im Mythus vom Argostödter in die beiden Gestal-

---

[1]) I. S. 181 f. II. S. 51 f.
[2]) oben S. 24.
[3]) Dürfte man indessen die Angabe, dass Demeter vor ihrer
Ankunft in Eleusis die ganze Welt vergeblich nach ihrem Kinde
durchsucht hat, dem ursprünglichen Mythus vindiciren, so läge
darin eine Andeutung, dass das Haus der Keleos, in dem sie
dasselbe endlich findet, eben nicht auf der Oberwelt zu finden
ist.

ten des Argos und Hermes) in zwei Gestalten spalten
musste, in den unterweltlichen Vater, den Räuber, und
den für jetzt hülflosen und schwachen und darum als
Kind gedachten oberweltlichen Gott (vgl. Kronos und
Zeus, Lykaon und seinen Sohn), den sein eigener Vater
in die Unterwelt entführt hat, lässt es sich ferner auch
ohne Schwierigkeit verstehen, dass unter diesen Umständen auch die Göttin dem Knaben gegenüber als Mutter
gedacht werden musste [1]), so ist doch in der ursprünglichen Idee des Mythus kein Grund erkennbar, weshalb
jene nicht neben dieser ihrer mütterlichen Stellung zugleich als Gattin des unterweltlichen Räubers (Keleos)
bezeichnet werden sollte. Allerdings hat nun der Mythus dieses in der religiösen Idee begründete Verhältnis
der Göttin zu Keleos nicht ganz vergessen, denn Metaneira haben wir als eine Phase der Demeter erkannt;
allein es hätte doch nichts gegen sich, wenn eine einzige Persönlichkeit die Functionen der Metaneira und
der Demeter in sich vereinigte. Die Spaltung in zwei
Persönlichkeiten trat wohl erst ein, als durch den Zutritt des Kaukonischen Stammesmythus Persephone als
Tochter dem geraubten Sohne substituirt und zugleich
der ganzen Erzählung ein prototypischer Character auf-
gedrückt wurde. Sollte jetzt noch irgend eine Andeutung des mütterlichen Verhältnisses zu dem Knaben

[1]) Wenn nämlich die Idee des Mythus verlangt, dass der
olympische Gott in der Gestalt eines kleinen Knaben fortlebt, so
kann die Göttin, wenn man sie nicht ausser aller Beziehung zu
demselben denken wollte, was doch für den religiösen Glauben
unmöglich war, kaum eine andere Stellung einnehmen, als dass
sie als seine Mutter gedacht wurde, zumal sie selbst, wie oben
dargethan ist, jetzt ebenfalls ihre olympische Gestalt abgelegt
und als unterweltliche Gottheit sich in eine alte Frau verwandelt hat.

erhalten bleiben, so musste hierfür eine neue Persönlichkeit geschaffen werden, was denn zugleich, wie oben bereits erwähnt ist, den weitern Vortheil bot, dass der prototypische Zug der Stiftung des Eleusinischen Cultes der Göttin in eigener Person zugeschrieben werden konnte.

So viel über den Sinn des religiösen Mythus, den wir für alle, welche mit den eigenthümlichen Formen des mythischen Denkens einigermassen vertraut sind, hinlänglich entwickelt zu haben glauben [1]). Dass der dem Mythus nachträglich aufgeprägte Character einer Stiftungslegende der Eleusinischen Mysterien auch einzelne Züge in die Erzählung gebracht hat, welche der ursprünglichen religiösen Idee fremd sind, haben wir schon gelegentlich angedeutet. Das Auftreten der Magd Iambe und das Trinken des Kykeon sind unzweifelhaft dahin zu rechnen. Das berechtigt uns noch einen Schritt weiter zu gehen. Es hat sich nämlich gezeigt, dass die vier Töchter des Keleos in dem Zusammenhange des religiösen Mythus keine rechte Stelle finden, obgleich sie Namen tragen, welche der Göttin entlehnt sind. Gleichwohl ist ihr Auftreten im Hymnus mit solcher Ausführlichkeit und Anschaulichkeit dargestellt, dass wir nicht umhin können, demselben eine besondere Bedeutung beizulegen. Wenn wir nun erwägen, dass überhaupt der religiöse Mythus, selbst eine Art Drama, in der Regel auch bei den Festen mimisch-dramatisch dargestellt zu werden pflegt [2]), dass ferner auch später noch in den Eleusinischen Mysterien auf die Schicksale der Demeter und ihrer Tochter bezügliche mimische Aufführungen

---

[1]) Vgl. die Abhandlung über den wissenschaftlichen Begriff des Mythus, oben S. 1 ff.
[2]) obe S. 27.

stattfanden [1]), so führt uns das zu der Annahme, dass
die angeblichen Töchter des Keleos als ein in den Mythus eingedrungener prototypischer Reflex einer dramatischen Scene anzusehen sind. Wir haben uns die Sache
zo zu denken. Die Ankunft der Demeter in Eleusis, ihr
Eintritt in das Haus des Keleos und ihre Einführung in
den ihr gegründeten Tempel waren eben so viele dramatische Scenen, eine Priesterin, welche die Person der
Göttin darstellte, that und erfuhr dabei alles das, was
der Hymnus von jener berichtet. Zunächst liess dieselbe
sich an dem s. g. Jungfernbrunnen nieder, wo sie von
vier wie zum Wasserholen ausgegangenen Jungfrauen
scheinbar zufällig getroffen wurde. Nachdem diese nun
eine Unterredung mit ihr gehalten und das Anerbieten
derselben als Kinderwärterin zu dienen gemeldet und
den Auftrag erhalten haben sie hörzuführen, kehren sie
eilenden Laufs (man beachte hier die lebendige Schilderung des Hymnus v. 172—178) zurück, um die Göttin
in feierlichem Zuge ins Haus (ihrer Mutter) zu geleiten
u. s. w. Functionen solcher Art pflegten, wie aus analogen Fällen hinlänglich klar wird, nur Töchtern aus
angesehenen Geschlechtern überwiesen zu werden und
zwar aus solchen, welche von Alters her das Recht und
die Pflicht hatten, den ganzen Cultus zu leiten und zu
besorgen. Nun bezeichnet aber der Hymnus ausdrücklich vier ϑεμιστοπόλοι βασιλεῖς als diejenigen, welchen
Demeter die Gebräuche ihres Cultes gezeigt und zur Besorgung überwiesen habe. Sie heissen Triptolemos, Diokles, Eumolpos und Keleos, offenbar lauter mythische
Persönlichkeiten, die wir uns als die angeblichen Ahnherren von eben so viel Priestergeschlechtern zu denken

---

[1]) Hermann, Gottesdienstl. Alterth. §. 55, 27.

haben¹). Nehmen wir nun an, dass eine Tochter aus jedem dieser vier Geschlechter bei dem Einholen der Göttin zu fungiren hatte, so erklärt sich die Vierzahl der Jungfrauen von selbst. Dabei kann nicht auffallen, dass ihre mythischen Vorbilder ihre Namen der Göttin Demeter entlehnen und sämmtlich als Töchter des Keleos bezeichnet werden, da sie so in ein näheres und ehrenvolleres Verhältnis zu den Gottheiten treten, was dem Stolze jener Priestergeschlechter mehr zusagen mochte, als wenn sie, wie im Isismythus geschieht, nur als θεραπαινίδες fungirten. —

Endlich noch ein Wort über den Process der Feuerläuterung, welchem der Knabe Demophon von der Göttin unterzogen wird. Dass dieser Zug zu der ursprünglichen religiösen Idee nicht stimmen will, ist leicht einzusehen. Denn der Knabe soll dadurch Unsterblichkeit erhalten, wird also damit als ein sterbliches Wesen bezeichnet, während er von Haus aus doch eine Phase des Gottes Hermes-Argos, also ein unsterbliches Wesen ist. Zudem wird die Absicht der Göttin durch das Lauschen und Aufschreien der Metaneira vereitelt, nach Apollodor kommt der Knabe sogar im Feuer um. Diese Widersprüche werden gehoben, wenn wir annehmen, dass dieser Zug aus der Vermischung des Eleusinischen Mythus mit dem Dyblischen Culte hervorgegangen ist. Der Name des angeblichen Königs von Byblos, Malkander, bezeichnet diesen deutlich als den Gott Moloch²), in dessen Cult bekanntlich Kinderopfer eine grosse Rolle spielten. Der Fanatismus dieses grausen Dienstes gestattete den

---

¹) v. 153 ff. werden ausserdem noch Polyxenos u. Dolichos genannt, doch nur als angesehene Männer, nicht als solche, denen Demeter ihren Cult übergeben habe.

²) Movers, die Phönisier 1. S. 323.

Eltern der als Opfer dargebrachten Kinder nicht, bei
der Verbrennung derselben Klagen auszustossen, weil
man glaubte, dass im Durchgang durch das Feuer ihre
Seelen geläutert und mit der Gottheit vereinigt würden [1]). Von diesem Gesichtspuncte aus erweist sich die
Angabe, dass Metaneira durch ihr Aufschreien das Vorhaben der Göttin gestört habe, als ein aus dem Byblischen Molochsdienste entlehnter prototypischer Zug. Durch
die Frage, wie eine solche Rückwirkung des Byblischen
Cultes auf den Eleusinischen Mythus zu erklären sei,
werden wir uns nicht in dieser Ansicht beirren lassen;
ist es doch im Allgemeinen nicht schwer zu fassen, dass
auf demselben Wege des Völkerverkehrs, welcher den
Eleusinisch-Argivischen Mythus mit dem Byblischen verschmolz, auch wohl ein rückwärts strömender Einfluss
auf den Eleusinischen Mythus in einem einzelnen Puncte
sich geltend machen konnte.

§. 4.

Kadmos.

Während ein zwar vielfach verschlungener, aber doch
niemals völlig abreissender Faden der Ueberlieferung uns
von Argos nach Eleusis geführt hat, scheint der Eleusinische Mythus einen Abschluss zu haben, der keinen
neuen Anknüpfungspunct in Aussicht stellt. Nichts desto
weniger können wir auf Grund des bis jetzt gewonnenen
Verständnisses der altargivischen Stammesreligion mit
völliger Sicherheit behaupten, dass zu den beiden in
Argos und Eleusis spielenden Acten des mythischen Dramas noch ein dritter nothwendig hinzutreten muss. Denn
hat der erste Act von der Auflösung der während der

---

[1]) ebendas. S. 328 ff.

fruchtbaren Jahrszeit bestandenen Ehe der beiden Gottheiten berichtet, der zweite uns das Verhalten derselben während der unfruchtbaren Jahrszeit dargelegt, so muss ein dritter Act uns zeigen, wie beim Wiederbeginn der fruchtbaren Jahrszeit der bis dahin als schwacher Knabe in der Unterwelt weilende Gott, nachdem er zu einem kräftigen Jüngling herangewachsen ist, wieder auf der Oberwelt erscheint und nach einem siegreichen Kampfe mit seinem unterweltlichen Feinde aufs neue mit der Göttin zu einer fruchtbaren, segenspendenden Ehe zusammentritt — ähnlich wie Zeus als Jüngling die Höhle von Lyktos verlässt, um nach Ueberwindung des Unterweltsgottes Kronos seine segensreiche Herrschaft wieder anzutreten. Wäre also auch jede weitere Ueberlieferung verloren gegangen, so würde die Lücke durch Vermuthung sich einigermassen ausfüllen lassen. Nun haben wir aber schon oben S. 263 gesehen, dass der angebliche Gründer Thebens, Kadmos, nach ausdrücklicher Angabe der Alten eine heroische Metamorphose des Gottes Hermes ist, und ein weibliches Wesen neben ihm steht, deren Name sie als eine Demeterheroine kund thut. Mag nun auch auf den ersten Blick in der auf beide bezüglichen mythischen Ueberlieferung nichts sich finden, was auf einen Zusammenhang mit den Argivischen und Eleusinischen Mythen ausdrücklich hinwiese, mag auch die Tradition eine mehr historische Färbung an sich tragen, so werden wir doch schon um jenes Zeugnisses willen den Kadmeischen Mythus darauf ansehen müssen, ob er nicht Elemente altargivischer Religion in sich enthalte. Und wenn wir nun mindestens in dem Drachenkampfe des Kadmos, der unwillkürlich an den Kampf des Apollon mit dem Drachen Python erinnert, sofort einen Zug eines religiös-symbolischen Mythus erkennen, so werden wir geneigt sein der Hoffnung Raum zu geben, dass eine sorgfältige Analyse uns hier das noch fehlende Stück des altargivischen Stammesmythus zu Tage fördern werde. Machen wir uns daher zunächst mit der Ueberlieferung selbst bekannt. Dieselbe lautet nach Apollodor folgendermassen:

Ἰοῦ Λιβύη ἐγέννησε παῖδας ἐκ Ποσειδῶνος, Βῆλον καὶ Ἀγήνορα. Βῆλος μὲν οὖν βασιλεύων Αἰγυπτίων τοὺς προειρημένους (II, 1, 4) ἐγέννησεν. Ἀγήνωρ δὲ παραγενόμενος εἰς τὴν Εὐρώπην γαμεῖ Τηλεφάσσαν καὶ τεκνοῖ θυγατέρα μὲν Εὐρώπην, παῖδας δὲ Κάδμον καὶ Φοίνικα καὶ Κίλικα. Τινὲς δὲ Εὐρώπην οὐκ Ἀγήνορος ἀλλὰ Φοίνικος λέγουσι. Ταύτης Ζεὺς ἐρασθεὶς πίπτει διὰ τῆς θαλάσσης 'Ρόδου ἀποπλέων ταῦρος, ἧς χειρωθείσης γενόμενος ἐπιβιβασθεῖσαν διὰ τῆς θαλάσσης ἐκόμισεν εἰς Κρήτην. ἡ δὲ, ἐκεῖ συνευνασθέντος αὐτῇ Διὸς, ἐγέννησε Μίνωα, Σαρπηδόνα, 'Ραδάμανθυν. —

Ἀφανοῦς δὲ Εὐρώπης γενομένης ὁ πατὴρ αὐτῆς Ἀγήνωρ ἐπὶ ζήτησιν ἐξέπεμψε τοὺς παῖδας εἰπὼν μὴ πρότερον ἀναστρέφειν πρὶν ἂν ἐξεύρωσιν Εὐρώπην. Συνεξῆλθε δὲ ἐπὶ τὴν ζήτησιν αὐτῆς Τηλέφασσα ἡ μήτηρ καὶ Θάσος ὁ Ποσειδῶνος· ὡς δὲ Φερεκύδης φησὶ, Κίλικος. Ὡς δὲ πᾶσαν ποιούμενοι ζήτησιν εὑρεῖν ἦσαν Εὐρώπην ἀδύνατοι, τὴν εἰς οἶκον ἀνακομιδὴν ἀπογνόντες, ἄλλος ἀλλαχοῦ κατῴκησαν, Φοῖνιξ μὲν Φοινίκην, Κίλιξ δὲ Φοινίκης πλησίον καὶ πᾶσαν τὴν ὑφ' ἑαυτοῦ κειμένην χώραν ποταμῷ σύνεγγυς Πυράμῳ Κιλικίαν ἐκάλεσε· Κάδμος δὲ καὶ Τηλέφασσα ἐν Θρᾴκῃ κατῴκησαν. ὁμοίως δὲ καὶ Θάσος ἐν Θρᾴκῃ κτίσας πόλιν Θάσον κατῴκησεν. —

Κάδμος δὲ ἀποθανοῦσαν θάψας Τηλέφασσαν ὑπὸ Θρᾳκῶν ξενισθεὶς ἦλθεν εἰς Δελφοὺς περὶ τῆς Εὐρώπης πυνθανόμενος. ὁ δὲ θεὸς εἶπε περὶ μὲν Εὐρώπης μὴ πολυπραγμονεῖν, χρῆσθαι δὲ καθοδηγῷ βοΐ καὶ πόλιν κτίζειν ἔνθα ἂν αὐτὴ πέσῃ καμοῦσα. τοιοῦτον λαβὼν χρησμὸν διὰ Φωκέων ἐπορίζετο. εἶτα ͵τοῖ συντυχὼν ἐν τοῖς Πελάγοντος βουκολίοις ταύτῃ κατόπισθεν εἴπετο ἡ δὲ διεξιοῦσα Βοιωτίαν ἐκλίθη, πόλις ἔνθα νῦν εἰσὶ Θῆβαι. Βουλόμενος δὲ Ἀθηνᾶ καταθῦσαι τὴν βοῦν πέμπει τινὰ τῶν μεθ' ἑαυτοῦ ληψόμενον ἀπὸ τῆς Ἀρείας κρήνης ὕδωρ· φρουρῶν δὲ τὴν κρήνην δράκων, ὃν ἐξ Ἄρεος εἰπόν τινες γεγονέναι, τοὺς πλείστας τῶν πεμφθέντων διέφθειρεν. Ἀγανακτήσας δὲ Κάδμος κτείνει τὸν δράκοντα· καὶ τῆς Ἀθηνᾶς ὑποθεμένης τοὺς ὀδόντας αὐτοῦ σπείρει, τούτων δὲ σπαρέντων ἀνέτειλαν ἐκ γῆς ἄνδρες ἔνοπλοι, οὓς ἐκάλεσαν Σπαρτούς. οὗτοι δὲ ἀπέκτειναν ἀλλήλους, οἱ μὲν εἰς ἔριν ἀκούσιον ἐλθόντες, οἱ δὲ ἀλλήλοις ἀγνοοῦντες. Φερεκύδης δέ φησιν, ὅτι Κάδμος ἰδὼν ἐκ γῆς ἀναφυομένους ἄνδρας ἐνόπλους ἐπ' αὐτοὺς ἔβαλε λίθοις· οἱ δὲ ὑπ' ἀλλήλων νομίζοντες βάλλεσθαι εἰς μάχην κατέστησαν. Περιεσώθησαν δὲ πέντε· Ἐχίων, Οὐδαῖος, Χθόνιος, Ὑπερήνωρ, Πέλωρ. Κάδμος δὲ ἀνθ' ὧν ἔκτεινεν [παῖδα] ἀΐδιον ἐνιαυτὸν ἐθήτευσεν Ἄρει. ἦν δὲ ὁ ἐνιαυτὸς τότε ὀκτὼ ἔτη.

Μετὰ δὲ τὴν θητείαν Ἀθηνᾶ αὐτῷ βασιλείαν κατεσκεύασε. Ζεὺς ἔδωκεν αὐτῷ γυναῖκα Ἁρμονίαν, Ἀφροδίτης καὶ Ἄρεος θυγατέρα. καὶ πάντες θεοὶ καταλιπόντες τὸν οὐρανὸν ἐν τῇ Καδμείᾳ τὸν γάμον εὐωχούμενοι ἀνύμνησαν [1]).

Der Bericht Apollodor's genügt, da die übrigen Quellen nur in untergeordneten Puncten abweichen [2]), welche für die Interpretation von keiner Bedeutung sind.

Die Kritik hat, um den Kern des religiösen Mythus blosszulegen, erst die eingedrungenen fremdartigen Ele-

---

[1]) Apollod. III, 1 α. 4. Das dazwischen liegende Stück behandelt die Kretensischen Mythen.

[2]) Mehrere abweichende Angaben alter Quellen stellt der Schol. Apoll. Rh. III. 1179. 1186 zusammen.

mente zu beseitigen, zunächst die historischen. Diese sind trotz der historischen Färbung der ganzen Ueberlieferung nicht sehr erheblich. Die angebliche Herkunft des Kadmos aus Phönicien, die zwar nicht von unserer Quelle [1], aber von den meisten andern behauptet wird, haben wir schon früher geprüft [2] und nachgewiesen, dass eine Uebersiedlung Kadmeischer Volkselemente nach Kreta und eine dort vollzogene Verschmelzung derselben mit Kariern, welchen im Alterthum auch bisweilen der Name Phönikier beigelegt wird, zunächst die Europa zu einer Tochter des Phoinix gestempelt hat, und daraus später durch die Klügelei der Historiker [3] die Phönikische Abkunft des Kadmos und eine Phönikische Ansiedelung in Theben entstanden ist. Lassen wir diese daher bei Seite, so bleibt als historisches Stück die Ueberlieferung übrig: Kadmos wandert in Böotien ein und gründet die Burg von Theben, Kadmeia. In diesem Zusammenhange kann nun Kadmos für nichts Anderes gelten als für den mythischen Repräsentanten des Volksstammes der Kadmeer

---

[1] Apollodor sagt sogar ausdrücklich, dass Agenor sich nach Europa begeben und hier die Telephassa geheirathet habe. (Heyne vermuthet freilich εἰς Φοινίκην; dem widersprechen jedoch die später folgenden Worte: ἐντεῦθεν Φοινίκην ἀφικνεῖται. Da Apollodor in seinem Berichte zweimal den Pherekydes als Quelle für gewisse Besonderheiten citirt, so wird er auch sonst guten und alten Gewährsmännern gefolgt sein (dem Hellanikos? vgl. Schol. Il. II, 494). Wir sehen also, dass auch vom Standpuncte gewöhnlicher Quellenkritik die Phönikische Herkunft des Kadmos unhaltbar ist.

[2] 1. S. 298 ff.

[3] Schon bei Herodot II, 49. V, 57 f. gilt Kadmos ohne Weiteres für einen Phönikier aus Tyros. Es wird also schon vor ihm durch Logographen diese Meinung aufgestellt sein. Es wäre dies nicht der einzige Fall, wo die Logographen die Ueberlieferung durch Trugschlüsse entstellt hätten.

oder Kadmeonen, und es muss also von diesen verstanden werden, was von jenem erzählt wird. Woher die Kadmeer gekommen sind, ist nicht gesagt; nachdem wir aber die Phönikische Abkunft des Kadmos beseitigt haben, und die nach Aegypten weisende Abstammung desselben von Poseidon und Libya selbst im Alterthum nur Wenige verleitet hat ihn für einen Aegypter zu erklären, so werden wir, da obendrein die Stammverwandtschaft der Kadmeer mit dem durch Iason repräsentirten Volkselemente in Thessalien zu Tage liegt, nicht umhin können, eine Einwanderung derselben aus Thessalien anzunehmen, von wo mehr als einmal Hellenische Stämme weiter nach dem Süden vorgedrungen sind [1]).

Neben dieser Einwanderung der Kadmeer (aus Thessalien) in Böotien findet sich ein anderes historisches Factum in der mythischen Ueberlieferung angedeutet. Europa, die Schwester des Kadmos, heisst es, wird von Zeus nach Kreta entführt. Die Entführung einer Jungfrau ist nun ein mehrfach vorkommender symbolischer Ausdruck des historischen Mythus für eine an dem bezüglichen Orte gegründete Niederlassung [2]). Somit muss auch die Entführung der Schwester des Kadmos nach Kreta auf eine Ansiedelung Kadmeischer Volksbestandtheile auf dieser Insel gedeutet werden. Nur das erregt Anstoss, dass Zeus der Entführer ist und nicht der eigene Gott der Kadmeer, Hermes. Doch erledigt sich diese Schwierigkeit durch die Erwägung, dass erst durch das Vordringen des Achäischen Stammes, der durch die Böotar aus seinen Thessalischen Wohnsitzen verdrängt, an mehreren Puncten Mittelgriechenlands und auch in

---

[1]) Nach dem Mythus kommt Kadmos zunächst aus Thracien, also doch jedenfalls von Norden her.

[2]) Vgl. die Entführung der Kyrene und der Aigina I. S. 23. 76.

Böotien sich eine Zeit lang zu behaupten suchte [1], die Kadmeer veranlasst worden sind, neue Wohnsitze in so weiter Ferne zu suchen, und dass der siegreich vordringende Stamm, wie so oft in andern Fällen, bei der Coloniegründung sich betheiligt und die Führung übernommen haben wird. Wozu aber die Verwandlung des Gottes in einen Stier? Der Mythenkundige findet sich sofort daran erinnert, dass auch der die Aigina entführende Zeus sich in einen Adler verwandelt haben soll. Aber theils berichten dies nur wenige spätere Quellen [2], theils erkennt man den Grund dieser Wendung des Mythus sofort in dem Umstande, dass der Adler ein dem Zeus heiliger Vogel ist. Was hat aber der Stier mit Zeus zu schaffen? Weder die altachäischen Ueberlieferungen noch die religiösen Anschauungen einer jüngeren Zeit setzen den Stier in irgend eine nähere Beziehung zu dem Gotte. Dagegen wissen wir schon, dass der Gott des altargivischen Stammes, Argos-Hermes, symbolisch als Stier gefasst wurde. Diese symbolische Gestalt werden wir auch dem Kadmeischen Hermes vindiciren müssen. Also nimmt der die Achäisch-Kadmeische Niederlassung in Kreta führende Achäische Gott die dem Kadmeischen Gott zukommende Gestalt an, die beiden Götter verschmelzen gewissermassen in ein einziges Wesen, das aber in dieser Verschmelzung um so besser zum Führer eines aus beiden Stämmen gemischten Volkshaufens geeignet war.

Sodann gibt die wohlbegründete Voraussetzung, dass wir den religiösen Mythus des Kadmeischen Stammes vor uns haben, von selbst an die Hand, dass alle in demselben genannten Gottheiten fremder Stämme ausge-

---

[1] I. S. 239. 242.
[2] Vgl. Heyne Obss. Apoll. III, 12, 6.

schieden werden müssen. Ausser dem Gott Zeus, der aber über die bereits besprochene Entführung der Europa hinaus keine Rolle in dem Mythus spielt, trifft dies die Göttinnen Athena und Aphrodite und den Gott Ares. Athena greift nur äusserlich ein als Schützerin und Rathgeberin des Helden, was nach einer frühern Bemerkung[1]) deutlich genug auf spätere Interpolation hinweist. Aphrodite wird nur als Mutter der Harmonia genannt, wie es scheint, aus keinem andern Grunde, als weil man schon den Gott Ares als deren Vater angegeben fand und für diesen keine andere Gemahlin ausfündig zu machen wusste, als die schon in der Odyssee mit ihm buhlende Göttin. Auf tieferu Gründen beruht die Beziehung des Ares zu dem Mythus. Das erkennen wir durch einen vergleichenden Blick auf den stammverwandten Iasonischen Mythus, wo der Drache in dem Haine des Ares haust, wie hier neben der Quelle des Ares. Dennoch wird auch dieser in dem ursprünglichen Zusammenhange des Mythus nicht genannt gewesen sein, da er als Gott der Pierischen Thraker dem Kadmeischen Stamm von Haus aus fremd ist. Was für Umstände aber seinen Eintritt vermittelt haben mögen, lassen wir vorläufig dahin gestellt sein.

Was nun nach diesen Ergebnissen der Kritik von dem Mythus übrig bleibt, trägt anscheinend einen ziemlich fragmentarischen Character. Das darf uns jedoch nicht beirren, da wir schon öfter die Erfahrung gemacht haben, dass eine solche Vorsetzung mit fremdartigen Elementen nicht vor sich gehen kann, ohne den ursprünglichen Zusammenhang zu stören und zu zerrütten. Halten wir uns, um diesen wieder herzustellen, zuvörderst an die Thatsache, dass Europa eine heroische Me-

---

[1]) oben S. 24.

tamorphose der Göttin Demeter ist. Von dieser wissen
wir nun schon aus dem Argivischen Mythus, dass sie
die Gemahlin des Gottes in seiner olympischen Phase
war. Diese Ehe, beim Eintritt der unfruchtbaren Jahreszeit getrennt, muss im Frühling aufs neue geschlossen
werden. Die Darstellung dieses Actes erwarteten wir in
dem Kadmeischen Mythus zu finden. Und wenn nun
dieser in der That von einer Vermählung berichtet, die,
ans Ende der ganzen Erzählung tretend und mit besonderem Glanze gefeiert, sich von selbst als den Schlussact des ganzen Dramas zu erkennen gibt, so können
wir nicht umhin anzunehmen, dass hier sich bietet, was
wir suchten. Folgt nun hieraus, dass Harmonia für eine
Phase der Demeter gelten muss, so fragt sich doch,
warum sie neben der Demeterheroine Europa aufgestellt
und mit jenem eigenthümlichen Namen benannt ist, denn
allerdings möchte diese als die weibliche Hauptfigur des
Mythus wohl gegründetere Ansprüche haben, in dem
ἱερὸς γάμος an der Stelle jener zu stehen, zumal ihre
Auffindung das deutlich ausgesprochene Ziel der Wanderungen und Abenteuer des Heros ist. Aus dieser ihrer
natürlichen Stellung scheint nun Europa verdrängt zu
sein durch das geschichtliche Moment der Achäisch-Kadmeischen Wanderung nach Kreta, wodurch, wie wir gesehen, Zeus in ein solches Verhältnis zu der Heroine
getreten ist, welches keinen Raum mehr für die eheliche
Verbindung derselben mit Kadmos liess [1]. War also
ursprünglich in dem religiösen Mythus etwa gesagt:
Kadmos zieht aus, um die Europa zu suchen, und nachdem er sie gefunden, vermählt er sich mit ihr, so musste

---

[1] Doch hält der Mythus fest, dass Europa zu Kadmos in
sehr nahem Verhältnisse steht, indem er sie zu dessen Schwester
macht.

jetzt, wenn die Vermählung des Kadmos nicht ganz aufgegeben werden sollte, eine Stellvertreterin für Europa geschaffen werden. Das hatte für die mythische Anschauung, wie wir schon oft gesehen haben, wenig Schwierigkeiten, und auch ein Name war leicht gefunden nach der Function, für welche eben diese neue Gestalt geschaffen wurde; denn ἁρμονία, die Verbindung, stammverwandt mit ἁρμόζω, welches sehr oft verheirathen bedeutet, bezeichnet hier die Vermählung, was als Personenname metonymisch für die Vermählte oder zu Vermählende zu nehmen ist.

Nach Erledigung dieses Punctes wenden wir uns zu einem andern, dessen religiöse Bedeutung auf der Hand liegt und oben schon hervorgehoben ist; wir meinen den Drachenkampf. Der Drache ist unzweifelhaft ein chthonisches Symbol [1]; ein chthonisches Wesen also wird von dem Helden bekämpft und überwunden. Was soll das heissen? Erinnern wir uns aus dem Eleusinischen Mythus, dass der Gott während der unfruchtbaren Jahreszeit als kleiner Knabe in der Unterwelt weilt und dort gepflegt wird wie der Zeusknabe in der Höhle von Lyktos, so werden wir auch erwarten müssen, dass er, nachdem er zum Jüngling erstarkt und seine Zeit herangekommen ist, auch eben so wie Zeus die Unterwelt verlassen und das ihm feindliche chthonische Wesen überwältigen muss, um nun in voller Kraft wieder als segenspendender olympischer Gott wirksam zu sein. Mit der Vermählung beginnt diese Wirksamkeit, vorher aber muss er die ihn hemmende und fesselnde unterweltliche Macht besiegt haben; darum tödtet er vor der Vermählung den Drachen; er vernichtet aber in ihm sein eigenes unterweltliches Selbst, wie Zeus in Kronos seine un-

---

[1] Vgl. oben S. 47; γηγενής nennt ihn Eur. Phoen. 935.

terweltliche Phase wenn auch nicht vernichtet, so doch durch Einsperrung in den Tartaros unschädlich macht. Auffallen kann es hierbei nur, dass Kadmos von dem Mythus in gar keine nähere Beziehung zu dem Drachen gesetzt ist, ihn scheinbar nur zufällig antrifft. Möglich, dass die mannigfaltigen Wandlungen, denen der Mythus ausgesetzt gewesen ist, hier Manches verwischt haben; aber es hat sich doch noch eine Spur erhalten, aus welcher hervorgeht, dass der Drache den Personen des Mythus näher steht, als die gewöhnliche Erzählung vermuthen lässt. Harmonia nämlich, welche in der Regel eine Tochter des Ares genannt wird, soll nach Dorkyllos [1]) die Tochter eines gewissen Drakon, Königs der Thebaner, gewesen sein. Dass wir hier alte und echte Ueberlieferung vor uns haben, verbürgt gerade der Euhemerismus, der aus dem Drachen einen König Drakon gemacht hat. Die Göttin in ihrer bräutlichen Phase galt also als Tochter des Drachen d. h. des Unterweltsgottes [2]), eine Anschauung, welche eben so natürlich ist, als dass der Gott in seiner Knabengestalt als Sohn der (unterweltlichen) Göttin aufgefasst wurde. Aus der Gewalt dieses ihres Vaters musste sie erst befreit, und auch aus diesem Grunde der Drache vor der Vermählung getödtet werden [3]).

Hiernach stellt sich als religiöser Kern des Kadmeischen Mythus Folgendes heraus: Nachdem der Gott

---

[1]) Schol. Eur. Phoen. v. 7.

[2]) Im Grunde hat es denselben Sinn, wenn sie Tochter des Ares genannt wird, denn dieser ist ursprünglich auch Unterweltsgott, wie ich in meiner Schrift über ihn gezeigt habe.

[3]) Analogieen hierzu bieten zahlreiche Deutsche Mährchen und Mythen, in denen ein Held eine Jungfrau aus der Gewalt eines Drachen befreit und sie zum Lohn für diese That zur Gemahlin erhält.

(durch die Pflege seiner Mutter) in der Unterwelt zum Jüngling herangewachsen ist, verlässt er seinen bisherigen Aufenthalt [1]), um jetzt wieder als olympischer Gott zu herrschen und in fruchtbarer Ehe mit seiner neuvermählten Gattin segenspendend zu wirken. Durch die Tödtung des Drachen, seines unterweltlichen Gegenbildes, macht er sich selbst los von den Banden der Unterwelt und befreit die ebenfalls bis dahin in der Gewalt der Unterwelt befindliche Göttin, jetzt nicht mehr seine Mutter, sondern die ihm entgegenharrende jugendliche Braut.

An diesen religiösen Kern haben sich aber, auch abgesehen von den oben bereits abgesonderten Elementen, schon vor dem Eintritt des Mythus in die heroische Sphäre andere Mythengebilde angeschlossen, besonders prototypische. Um diese herauszufinden, müssen wir uns nun erst den Satz ins Gedächtniss rufen, dass der religiöse Mythus, selbst eine Art Drama, ursprünglich stets bei den Festen mimisch-dramatisch dargestellt wurde [2]). Dass dieser Satz auch für den Mythus des Stammes, mit welchem wir es hier zu thun haben, Geltung hat, haben wir schon bei dem Eleusinischen Mythus nachgewiesen. Auch wird die Voraussetzung, dass man in Theben einst den Drachenkampf des Gottes und seine Hochzeit in mimisch-dramatischer Weise begangen habe, befestigt durch einen Blick auf die dramatischen Scenen, mit welchen man den Drachenkampf des Apollo zu Delphi, die Hochzeit der Hera zu Samos feierte.

Damit gewinnen wir zunächst ein richtiges Verständniss dafür, warum Kadmos zur Sühne für die Tödtung

---

[1]) Dieses vorläufig hier aus dem Eleusinischen Mythus supplirte Moment werden wir unten in dem Iasonischen Mythus erhalten finden.
[2]) oben S. 27.

des Drachen ein grosses Jahr hindurch dem Gott Ares
als angeblichem Vater des Ungethüms dienstbar sein muss.
Denn diese Angabe erinnert uns sofort an die ganz analogen
Gebräuche des Lykäischen Cultes. Dort musste
zur Sühne für die Tödtung des Knaben ein Festgenosse
auf die Zeit eines grossen Jahres in die Verbannung gehen,
eine Strafe, an deren Stelle nach althellenischem
Rechtsgebrauch auch eine eben so lange dauernde Knechtschaft
treten konnte [1]. Setzen wir nun, dass die bei
dem Feste den Gott darstellende Person, nachdem der
Drache überwältigt und getödtet war, zur Sühne für die
dadurch begangene Blutschuld nach Vollendung des Festes
wirklich eine enneaterische Knechtschaft zu bestehen
hatte, so musste dieser Gebrauch seinen prototypischen
Reflex auch im Mythus finden und hier natürlich
dem Gotte (Heros) selbst zugeschrieben werden. Seltsam
kann es freilich erscheinen, dass die Tödtung eines
Drachen als eine Blutschuld angesehen wurde; doch
finden wir Gleiches im Apollinischen Culte, wo der
Knabe, der den Kampf mit Python dargestellt hatte,
auch zur Sühne die Dienstbarkeit erleiden musste [2].
Entweder trieb das Bedürfnis, dem bestehenden Rechtsgebrauche
eine religiöse Weihe zu geben, dazu, die erste
beste im Cultus wie im Mythus vollzogene Tödtung
ohne weitere Ueberlegung als Anlehnungspunct zu benutzen,
oder es war zu jener Zeit noch so viel Bewusstsein
von der symbolischen Bedeutung des Drachen vorhanden,
dass man ihn einer menschlichen Persönlichkeit
gleichsetzte. Das Letztere scheint wahrscheinlicher, da
ja dem Drachen von Einigen der Gott Ares zum Vater

---

[1] Vgl. oben S. 105.
[2] Plut. de def. orac. c. 15. vgl. O. Müller Prolegg.
S. 302.

gegeben wurde ¹), was doch sonst kaum hätte geschehen können.

Grössere Schwierigkeiten bereitet der Deutung, was ausserdem noch im Mythus berichtet wird. „Nach der Tödtung des Drachen säet Kadmos (auf den Rath der Athena) die Zähne desselben; darauf spriessen aus der Erde gewaffnete Männer hervor, die sich gegenseitig bekämpfen und tödten bis auf fünf." Zwar ist hier leicht einzusehen, dass das Hervorspriessen der Männer aus dem Erdboden die Autochthonie des Kadmeischen Stammes darstellen soll; denn nicht nur wurden die fünf Uebrigbleibenden als Stammväter Thebanischer Familien betrachtet ²), sondern auch die Namen bezeichnen sie als Autochthonen: Echion, der Schlangenmann, Οὐδαῖος (von οὖδας), Chthonios können nicht wohl anders verstanden werden, aber auch die Namen Hyperenor und Pelor deuten sichtlich auf das Riesenhafte und Ungethüme, das den Erdgeborenen gern zugeschrieben wird ³). Auch findet sich hier ein Zug, der in Autochthonenmythen regelmässig wiederzukehren pflegt, dass

---

¹) Obwohl, wie schon bemerkt ist, der Gott Ares einer frühern Mischung eines Thrakischen Volkselements mit Kadmeern seinen Eintritt in den Mythus zu verdanken hat, so ist doch Ares zum Vater des Drachen auch deshalb geworden, weil er vermöge seiner Natur als Unterweltsgott dem chthonischen Wesen des Drachen verwandt war. — Eine Quelle (Schol. Soph. Antig. 117) nennt als Mutter die Erinys Tilphossa, was mehreren Mythologen zu einer Reihe sehr künstlicher Combinationen Anlass gegeben hat. Die Sache ist aber einfach die, dass die Erinys auf die für die Tödtung des Drachen zu leistende Mordsühne hindeutet, während der Name Τιλφωσσα, an sich die Benennung einer Quelle in Böotien, nur eine Variation der Ἀρεία κρήνη ist, welche der Drache angeblich bewacht haben soll.

²) Heyne Obss. Apoll. p. 225.

³) Vgl. Ares S. 37. 58. 59.

nämlich der Stammesgott oder der Stammesheros sich
an dem Acte, der die Autochthonen ins Leben ruft,
betheiligt 1). Selbst dass die Zähne des Drachen als
Same dienen, muss aus diesem Gesichtspunct betrachtet
werden, da der Drache doch nur eine symbolische Gestalt des Gottes selbst ist. Allein warum steigen die
Männer bewaffnet aus dem Erdboden? Warum gerathen sie mit einander in Kampf und tödten sich zum
grössten Theile? Auch werden wir, wenn wir einen
vergleichenden Blick auf den stammverwandten Jasonischen Mythus werfen, erkennen, dass ein Act, der doch
auch von Kadmos vollzogen sein muss und nach andern
Quellen wirklich vollzogen ist 2), in dem Apollodorischen
Bericht ungebührlich in den Hintergrund gedrängt ist,
nämlich das Pflügen des Ackers, in welchen die Zähne
des Drachen gesäet werden sollen. Es scheint mir nun,
dass wir in diesen Puncten prototypische Andeutungen
alter Festgebräuche zu sehen haben. Was zunächst das
Pflügen des Gottes anbetrifft, so wird es nicht schwer
zu fassen sein, dass ein Ackerbau treibender Stamm,
wie der unsrige ohne Zweifel gewesen ist, da ja die ihm
angehörige Göttin Demeter zu allen Zeiten als Göttin
des Ackerbaues gegolten hat, wenn er im Frühling die
wiederkehrende zeugerische Wirksamkeit seiner Gottheit
festlich beging, auch das jetzt beginnende Pflügen des
Ackers mit einem religiösen Act einzuweihen sich gedrungen fühlte, was kaum auf würdigere und erhobendere Weise geschehen konnte, als wenn der Stellvertreter des Gottes bei dem Feste selbst mit einem heiligen
Pfluge die ersten Furchen zog und den ersten Samen
ausstreute 3). War nun diese Festhandlung, wie natür-

---

1) Vgl. I. S. 79. 261.
2) Ovid. Met. III, 102. Hyg. f. 178.
3) Auch in Attika hatte man heilige Pflüge, welche unter

lich, allmählich auch in den Mythus übergegangen, so
fand der vorhin erklärte Autochthonenmythus hier um
so leichter Gelegenheit sich anzufügen, da die Griechen
die Worte ἀροῦν und σπείρειν gern auch bildlich von
der Zeugung des Menschen gebrauchten. Steckt also in
dem Pflügen und Säen ein prototypischer Act, so liegt
es nicht fern, auch den Kampf der bewaffneten Männer
unter einander aus gleichem Gesichtspuncte zu erklären.
Wie nämlich bei den Achäern dem getödteten olympischen Gotte zu Ehren Wettkämpfe gefeiert wurden, so
scheint auch in unserm Falle, da ja die Tödtung
(des unterweltlichen Gottes, des Drachen) hier wie dort
als ein Sühne erfordernder Mord betrachtet wurde, ebenfalls eine gleiche Leichenfeier durch Kampfspiele kein
unangemessener Act zu sein, um so weniger als man
gewis nichts versäumt haben wird, um sich mit dem
augenblicklich zwar überwundenen, aber dennoch nicht
für immer vernichteten Beherrscher der Unterwelt auf
einen guten Fuss zu stellen. Die Andeutung dieses Cultusgebrauchs im Mythus ist allerdings durch das Eindringen des Autochthonenmythus gerade an dieser Stelle
sehr verunstaltet; doch scheint noch durchzuklingen,
dass die Spiele nicht den harmlosen Character hatten,
der den Griechischen Wettkämpfen sonst eigen zu sein
pflegt, sondern dass, ähnlich den Römischen Gladiato-
renspielen, ein ernsthafter, blutiger Kampf stattfinden
mochte, bei welchen der grösste Theil der Theilnehmer

---

religiösen Gebräuchen das Signal zur Aussaat gaben. Preller
Gr. Myth. I. S. 136. Der eine wurde auf dem Rarischen Felde
bei Eleusis gehalten, wo man auch einen Altar und eine Tenne
des Triptolemos zeigte. Paus. I, 38, 6. Man darf wohl vermuthen, dass hier ein Rest des oben besprochenen Cultusgebrauchs
vorliegt.

ums Leben kam — eine Art Menschenopfer zur Versöhnung der grollenden Macht der Unterwelt.

§. 9.

Jason.

Jason ist der Held der Argonautensage. Dass diese Sage von geringern und einfachern Anfängen aus durch Einwirkung historischer Verhältnisse, namentlich durch Beziehungen auf Coloniegründungen aus theilweise ziemlich später Zeit allmählich sich erweitert hat, ist schon von O. Müller in seiner Schrift über Orchomenos hinlänglich erwiesen. Ohne Zweifel sind auch die Dichter, welche schon frühzeitig diesen fruchtbaren Stoff in die Hände genommen haben, auf die Erweiterung desselben vielfach ausgegangen. Ihnen namentlich muss es zugeschrieben werden, wenn der πεντηκόντορος zu Liebe, auf welcher die Fahrt unternommen sein soll, Heroon der verschiedenartigsten Landschaften und Stämme herangezogen sind, um die Bemannung auf die Zahl funfzig zu bringen. Scheiden sich auch nun diese spätern Zuthaten für einen unbefangenen Blick ohne Schwierigkeit und wie von selbst aus, so darf doch die alsdann zurückbleibende Masse auch noch nicht als ein einheitlicher Mythus betrachtet werden. Denn gerade in der Umgegend von Jolkos haben sich, wie ich schon früher gezeigt habe, verschiedene Stämme nach einander und durch einander niedergelassen, und ein jeder von ihnen hat durch historische oder religiöse Mythenelemente zur Erweiterung des Sagenkreises beigetragen. So haben wir schon oben S. 159 gezeigt, dass die um Athamas und den Cult des Zeus Laphystios sich drehenden Data nicht, wie O. Müller meinte, den Kern des Ganzen ausmachen, sondern der Religion der Achäer entstammen und erst mit dem Vordringen dieses Stammes in die Gegend von Phthia und Jolkos dem bereits vorhandenen Mythus zugefügt sind, und zwar nur äusserlich als eine Art Vorgeschichte des Argonautenzugs, so dass sie leicht abgelöst werden konnten.

Unter den Stämmen, die vor den Achäern in dieser Gegend mächtig gewesen sind, treten zwei aus der mythischen Ueberlieferung sehr kenntlich hervor, die Minyer und die Aeoler. Jene, nach deren Namen sogar die Argonauten selbst oft Minyer genannt werden, sind repräsentirt in der Person des Pelias, welcher zugleich als eine heroische Metamorphose des Poseidon, des Gottes der seefahrenden Minyer von uns nachgewiesen ist[1]); diese haben zum Hauptrepräsentanten den Heros Kretheus, den Sohn des Aiolos und angeblichen Gründer von Jolkos [2]). Dass aber weder die Minyer noch die Aeoler Anspruch darauf machen können, den Haupthelden Jason den ihrigen zu nennen, das leuchtet aus der bereits oben S. 265 hervorgehobenen nahen Verwandtschaft seines Mythus mit dem des Kadmos hervor, auf Grund deren wir ihn für einen Hermesheros haben erklären müssen. Die Analyse der ihn betreffenden mythischen Tradition wird dies bestätigen. Diese lautet, unter Ausscheidung aller derjenigen Bestandtheile der Argonautensage, die nicht um die Person des Jason selbst sich drehen, nach Apollodor folgendermassen:

Αἴσονος δὲ τοῦ Κρηθέως καὶ Πολυμήδης τῆς Αὐτολύκου Ἰάσων. οὗτος ᾤκει ἐν Ἰωλκῷ, τῆς δὲ Ἰωλκοῦ Πελίας ἐβασίλευσε μετὰ Κρηθέα. ᾧ χρωμένῳ περὶ τῆς βασιλείας ἐθέσπισεν ἡ θεὸς, τὸν μονοσάνδαλον φυλάξα-

---
[1] Vgl. I. S. 146.
[2] Apollod. I, 9, 11.

οθαι. τὸ μὲν οὖν πρῶτον ἠγνίει τὸν χρισμὸν, αὖθις δὲ ὕστερον αὐτὸν ἔγνω. τελῶν γὰρ ἐπὶ τῇ θαλάσσῃ Ποσειδῶν θυσίαν ἄλλοις τε πολλοῖς ἐπὶ ταύτῃ καὶ τὸν Ἰάσονα μετεπέμψατο. ὁ δὲ πόθῳ γεωργίας ἐν τοῖς χωρίοις διατελῶν ἔσπεισεν ἐπὶ τὴν θυσίαν. διαβαίνων δὲ ποταμὸν Ἄναυρον ἐξῆλθε μονοσάνδαλος τὸ ἕτερον ἀπολέσας ἐν τῷ ῥείθρῳ πέδιλον. θεασάμενος δὲ Πελίας αὐτὸν καὶ τὸν χρησμὸν συμβαλὼν ἠρώτα προσελθών, τί ἂν ἐποίησεν ἐξουσίαν ἔχων, εἰ λόγιον ἦν αὐτῷ πρός τινος φονευθήσεσθαι τῶν πολιτῶν; ὁ δὲ εἴτε ἐπελθὸν ἄλλως εἴτε διὰ μῆνιν Ἥρας, ἵν' ἔλθοι κακὸν Μήδεια Πελίᾳ, τὴν γὰρ Ἥραν οὐκ ἐτίμα, τὸ χρυσόμαλλον δέρας, ἔφη, προςέταττον ἂν φέρειν αὐτῷ. τοῦτο Πελίας ἀκούσας ἐπὶ τὸ δέρας ἐλθεῖν ἐκέλευσεν αὐτόν. τοῦτο ἐν Κόλχοις ἦν ἐν Ἄρεος ἄλσει κρεμάμενον ἐκ δρυὸς, ἐφρουρεῖτο δὲ ὑπὸ δράκοντος ἀΰπνου.

Ἐπὶ τοῦτο πεμπόμενος Ἰάσων Ἄργον παρεκάλεσε τὸν Φρίξου· κἀκεῖνος Ἀθηνᾶς ὑποθεμένης πεντηκόντορον ναῦν κατεσκεύασε τὴν προσαγορευθεῖσαν ἀπὸ τοῦ κατασκευάσαντος Ἀργώ· κατὰ δὲ τὴν πρῶραν ἐνήρμοσεν Ἀθηνᾶ φωνῆεν φηγοῦ τῆς Δωδωνίδος ξύλον· ὡς δὲ ἡ ναῦς κατεσκευάσθη [καὶ] χρωμένῳ ὁ θεὸς αὐτῷ πλεῖν ἐπέτρεψε συναθροίσαντι τοὺς ἀρίστους τῆς Ἑλλάδος.

(Folgen die Namen der Theilnehmer und die Abenteuer auf der Hinfahrt, unter denen nur mit einem Worte zu erwähnen ist die Landung auf Lemnos, wo die Argonauten sich zu den von ihren Männern verlassenen Lemnierinnen gesellen, Jason mit der Königin Hypsipyle zwei Söhne erzeugt. Apoll. 1, 9, 17.)

Παραπλεύσαντες δὲ Θερμώδοντα καὶ Καύκασον ἐπὶ Φᾶσιν ποταμὸν ἦλθον. οὗτος τῆς Κολχικῆς ἐστι γῆς· καθορμισθείσης δὲ τῆς νηὸς ἧκε καὶ πρὸς Αἰήτην Ἰάσων καὶ τὰ ἐπιταγέντα ὑπὸ Πελίου λέγων παρεκάλει δοῦναι τὸ δέρας αὐτῷ· ὁ δὲ δώσειν ὑπέσχετο, ἐὰν τοὺς χαλκο-

— 331 —

πόδας ταύροις μόνος καταζεύξῃ. ἦσαν δὲ ἄγριοι παρ᾿ αὐτῷ οὗτοι ταῦροι δύο μεγέθει διαφέροντες, δῶρον Ἡφαίστου, οἳ χαλκοῖς μὲν εἶχον πόδας, πῦρ δὲ ἐκ στομάτων ἐφύσων. τούτοις αὐτῷ ζεύξαντι ἐπετάσσετο σπείρειν [1]) δράκοντος ὀδόντας· εἶχε γὰρ λαβὼν παρ᾿ Ἀθηνᾶς τοὺς ἡμίσεις ὧν Κάδμος ἔσπειρεν ἐν Θήβαις [2]). ἀπορούντος δὲ τοῦ Ἰάσονος πῶς ἂν δύναιτο τοὺς ταύρους καταζεῦξαι, Μήδεια αὐτοῦ ἔρωτα ἴσχει. ἦν δὲ αὕτη θυγάτηρ Αἰήτου καὶ Ἰδυίας τῆς Ὠκεανοῦ, φαρμακίς. δεδοικυῖα δὲ μὴ πρὸς τῶν ταύρων διαφθαρῇ, κρύφα τοῦ πατρὸς συνεργήσειν αὐτῷ πρὸς τὴν κατάζευξιν τῶν ταύρων ἐπηγγείλατο, καὶ τὸ δέρας ἐγχειριεῖν, ἐὰν ὁμόσῃ αὐτὴν ἕξειν γυναῖκα καὶ εἰς Ἑλλάδα σύμπλουν ἀγάγηται. ὀμόσαντος δὲ Ἰάσονος φάρμακον δίδωσιν, ᾧ καταζευγνύναι μέλλοντα τοὺς ταύροις ἐκέλευσε χρῖσαι τήν τε ἀσπίδα καὶ τὸ δόρυ καὶ τὸ σῶμα· τούτῳ γὰρ χρισθέντα, ἔφη, πρὸς μίαν ἡμέραν μήτε ἂν ὑπὸ πυρὸς ἀδικηθήσεσθαι μήτε ὑπὸ σιδήρου. ἐδήλωσε δὲ αὐτῷ σπειρομένων τῶν ὀδόντων ἐκ γῆς ἄνδρας μέλλειν ἀναδύεσθαι ἐπ᾿ αὐτὸν καθωπλισμένους, οὓς, ἔλεγεν, ἐπειδὰν ἀθρόως θεάσηται, βάλλειν εἰς μέσον λίθους ἄποθεν, ὅταν δὲ ὑπὲρ τούτου μάχωνται πρὸς ἀλλήλους, τότε κτείνειν αὐτούς. Ἰάσων δὲ τοῦτο ἀκούσας καὶ χρισάμενος τῷ φαρμάκῳ, παραγενόμενος εἰς τὸ τοῦ νεὼ ἄλσος ἐμάστευε τοὺς ταύρους καὶ σὺν πολλῷ πυρὶ ὁρμήσαντας αὐτοὺς κατέζευξε. σπείροντος δὲ αὐτοῦ τοὺς ὀδόντας ἀνέτελλον ἐκ τῆς γῆς ἄνδρες ἔνοπλοι· ὁ δὲ ὅπου πλείονας ἑώρα βάλλων ἀφανεῖς λίθους πρὸς αὐτοὺς μαχομένους πρὸς ἀλλήλους προςιὼν

---

[1]) Natürlich nachdem er mit den Stieren den Acker gepflügt hat, sonst hat das Anschirren derselben und das Säen gar keinen Sinn. Hyg. f. 23. berichtet auch das Pflügen ausdrücklich.

[2]) Es wird sich unten zeigen, wodurch es nöthig geworden war, hier den Kadmeischen Mythus heranzuziehen.

ἀνῄρει· καὶ καταζευγνυμένων τῶν ταύρων μ'κ ἐδίδου τὸ δέρας Αἰήτης· ἐποίειτο δὲ τήν τε Ἀργὼ καταφλέξαι καὶ κτεῖναι τοὺς ἐμπλέοντας. φθάσασα δὲ Μήδεια τὸν Ἰάσονα νυκτὸς ἐπὶ τὸ δέρας ἤγαγε· καὶ τὸν φυλάσσοντα δράκοντα κατακοιμίσασα τοῖς φαρμάκοις μετὰ Ἰάσονος ἔχουσα τὸ δέρας ἐπὶ τὴν Ἀργὼ παρεγένετο. συνείπετο δὲ αὐτῇ καὶ ὁ ἀδελφὸς Ἄψυρτος. οἱ δὲ νυκτὸς μετὰ τούτων ἀνήχθησαν [1]).

Die Abenteuer der Rückfahrt sind ebenfalls ohne Bedeutung für unsere gegenwärtige Untersuchung. Doch mag kurz erwähnt werden, dass nach Apollodor Pelias, sobald er die Rückkehr der Argonauten vernimmt, den Vater des Jason, Aison, tödten will, der es aber vorzieht sich selbst das Leben zu nehmen. Den Tod des Aison zu rächen übernimmt Medeia, indem sie die Töchter des Pelias verleitet, ihren Vater zum Zweck der Verjüngung zu zerhacken und zu kochen. Zur Strafe dafür werden Medeia und Jason aus Jolkos vertrieben und wandern nach Korinth [2]).

Apollodor's Bericht, obwohl übrigens so zuverlässig, dass eine Vergleichung anderer Quellen überflüssig ist, bedarf doch in einem Puncte nicht sowohl einer Berichtigung als einer Ergänzung. Nach Pindar nämlich hat Pelias dem Aison die diesem als Nachkommen des Aiolos gebührende Herrschaft entrissen, und Jason, der bei dem Kentauren Cheiron erzogen ist, kommt von der Höhe des Gebirges Pelion herab, um sein Recht zu fordern, welches Pelias ihm zu überlassen verspricht, wenn er (die Seele des Phrixos und) das goldene Vliess hole [3]). Es liegt darin eigentlich kein Widerspruch mit Apollodor,

---

[1]) Apollod. I, 9, 16. 23.
[2]) Apollod. I, 9, 27. Nur diese letzte Angabe hat mythologischen Werth.
[3]) Pind. Pyth. IV. 71 ff.

da ja auch dieser berichtet, dass Pelias nach Kretheus König geworden sei, also offenbar den Sohn des Kretheus, Aison, als den legitimen Herrscher betrachten muss.

Der Kritik ist in einem Puncte schon von O. Müller genügend vorgearbeitet, insofern dieser gezeigt hat, dass Kolchis erst dann das Ziel der Fahrt geworden ist, als man durch Milesische Seefahrten diesen Ort als äussersten Landwinkel und Ostgrenze des Pontos aufgefunden hatte, ursprünglich aber ein rein mythisches Aia, wo der König Aietes herrschte, genannt war [1]). Damit stimmt, dass der Dichter Mimnermos „die Stadt des Aietes" an den Rand des Okeanos versetzt [2]), und in der Odyssee eine Insel *Aiaiŋ* erscheint, auf welcher Kirke, die Schwester des Aietes, haust.

Es gilt nun zunächst, die historischen Verhältnisse der Stämme in Jolkos, welche auf die Gestaltung des Mythus Einfluss geübt haben, näher zu bestimmen. Es sind ihrer, wie oben schon gezeigt ist, drei: Aeoler, repräsentirt durch Kretheus, Minyer, repräsentirt durch Pelias, und der durch Jason repräsentirte Stamm, welchen wir auch hier den altargivischen nennen wollen, indem wir uns vorbehalten, diese Benennung weiter unten zu rechtfertigen. Nun ist nach den Angaben unsers Mythus Kretheus der erste König, auf ihn folgt Aison, der Vater des Jason, und auf diesen Pelias als Usurpator. Demnach scheint es, als müssten die Aeoler als die ältesten Inhaber von Jolkos gelten; diesen wären dann die Argiver gefolgt und diesen wieder die Minyer. Diese Reihenfolge ist aber nicht die richtige. Vielmehr

---

[1]) Orchom. S. 274. Strab. 1, p. 20 hat bloss den Namen *Ala*. Herod. 1, 2. VII, 193 redet von einer *Ala Kolgis*.
[2]) Strab. 1, p. 47.

sind die Aeoler unter diesen drei Stämmen zuletzt in
den Besitz von Jolkos gekommen; denn sie waren noch
die Herren der Stadt, als dieselbe von den Achäern er-
obert wurde¹). Dass in der Tradition die Sache sich
anders gestaltet hat, ist psychologisch leicht erklärlich;
denn nicht die verdrängten oder unterworfenen Bewohner sind die Träger der Tradition, sondern die siegreichen neuen Herren, und für diese ist es zumal nach
längerm Besitze undenkbar, dass nicht sie, sondern ein
anderer Stamm, auf dessen unterworfene Reste sie mit
stolzer Verachtung herabzublicken gewohnt sind, einst
an derselben Stätte geherrscht haben sollte. Wie nun
dieses psychologische Motiv in zahlreichen Fällen dahin
geführt hat, dass man den erobernd vordringenden Stamm
als einen in seine angebliche Urheimat zurückkehrenden
auffasste und darstellte — was wir das Gesetz der Rückwanderung oder Doppelwanderung genannt haben²) — so
hat es hier die Version hervorgerufen, Kretheus, der
Repräsentant der Aeoler, sei der Erbauer und erste König von Jolkos gewesen. Dasselbe Motiv hat aber auch
das Verhältnis des Aison und Jason zu Pelias bestimmt.
Aison ist angeblich der legitime Herrscher, von Pelias
entthront, und Jason kommt, um diesem die usurpirte
Herrschaft zu entreissen. Darin erkennen wir deutlich
das oben erwähnte mythische Gesetz der Rückwanderung,
und es ergibt sich also ganz klar, dass umgekehrt der
durch Pelias repräsentirte Stamm der Minyer durch den
altargivischen Stamm im Besitz von Jolkos abgelöst ist³).

1) Das Nähere darüber s. I. S. 224.
2) Vgl. darüber I. S. 28 ff. Doch sind weiterhin noch zahlreiche andere Beispiele dafür nachgewiesen.
3) Es darf dabei nicht irre machen, dass Aison sein Anrecht
auf die Abstammung von Aiolos gründet. Das ist nur eine noth-

Die Reihenfolge der Stämme ist also diese: Auf die Minyer folgen die Altargiver, auf diese die Aeoler.

Nun war aber Jolkos eine Seestadt, die Minyer ein seefahrendes Volk. Nichts ist also natürlicher, als dass auch ihre Nachsiedler, als sie in der neuen Heimat mit den Resten jener zu verschmelzen anfingen, ebenfalls mit dem Seewesen sich vertraut machten, und in Folge davon der Heros derselben, ein ναύτης und Führer von Seeexpeditionen wurde, ein Character, welcher dem stammverwandten Kadmos gänzlich abgeht. Die nächste Aufgabe der neuen Herren war aber, wie so oft in ähnlichen Fällen, die Ueberführung der in der Heimat nicht mehr Platz findenden ältern Bevölkerung in überseeische Wohnsitze, und so sehen wir denn in der That eine Ansiedelung Minyeischen Volks auf der Insel Lemnos entstehen, bei welcher Jason als ἥρως κτίστης fungirt; denn dass dieses der Sinn der Landung und des Aufenthalts der Argonauten auf Lemnos ist, hat schon O. Müller bewiesen[1]). Der mythische Ausdruck für diese Coloniegründung bildet indessen nur eine Episode der grossen Seefahrt, in deren Rahmen alle die mythischen Thaten und Abenteuer gefasst werden, welche der Held als Repräsentant des altargivischen Gottes zu bestehen hatte. Diese Aenderung war im Grunde nicht gross,

---

wendige Consequenz jener Version, welche Kretheus zum ersten König von Jolkos gemacht hat.

[1]) Orchom. S. 300 ff. Später von Tyrrhenern vertrieben wanderten diese Lemnischen Minyer nach Lakonien, von da nach Thera und endlich nach Kyrene. Wie lebendig noch die Kyrenäischen Nachkommen ihre Urheimat in der Erinnerung hatten, kann unter andern auch die vierte Pythische Ode Pindar's zeigen, in welcher der Dichter, um den Battiaden Arkesilas zu feiern, mit grosser Lebhaftigkeit und Ausführlichkeit auf die alten Traditionen des Ursitzes zurückgeht.

denn eine Wanderung und ein Ausziehen in die Fremde kannte, wie die Geschichte des Kadmos beweist, auch der ursprüngliche religiöse Mythus schon.

Hat also die Verschmelzung des altargivischen Stammes mit den Minyern im Grunde keinen weitern Einfluss geübt, als dass dadurch die Abenteuer des Helden vom Lande auf die See verlegt sind, so sind dagegen durch den Hinzutritt des Aeolischen Stammes Elemente in den Mythus eingedrungen, welche den ganzen Zusammenhang desselben bedeutend gestört haben. Diese fremdartigen Elemente werden durch Vergleichung mit dem Kadmeischen Mythus sofort kenntlich. Von Aia und Aietes, von dem goldenen Vliess weiss dieser nichts, auch die Zauberin Medeia, die Tochter des Aietes ist ihm fremd, obwohl auch er eine weibliche Figur, mit welcher der Held sich schliesslich vermählt, aufzuweisen hat und für seinen ganzen Zusammenhang auch gar nicht entbehren kann. Wenn wir nun alle diese Elemente des Jasonischen Mythus als Aeolisch bezeichnen, so berechtigen uns zu dieser Meinung zwar im Allgemeinen schon die vorhin dargeleten historischen Verhältnisse in Jolkos, aber dieselbe bedarf doch wohl noch einer nähern Begründung.

Hinsichtlich der Medeia ergibt sich Aeolischer Ursprung aus ihrem Verhältnisse zu der Göttin Hera, als deren Heroine sie schon längst erkannt ist [1]). Denn Hera ist von Haus aus die weibliche Gottheit des Aeolischen Stammes und erst durch die Verschmelzung dieses mit den Achäern zur Gemahlin des Zeus ehoben [2]). Das führt uns hier weiter auf einen Punct, den wir

---

[1]) O. Müller Orchom. S. 270. Prolegg. S. 116. Vgl. I. S. 292.

[2]) Vgl. I. S. 249 f.

früher schon einmal berührt haben. Es ist nämlich bei der Natur der Göttin Hera, welche auch noch in spätern Zeiten vorzugsweise als Ehegöttin gilt, und in deren Cult der s. g. ἱερὸς γάμος eine so bedeutende Rolle spielt, nicht wohl denkbar, dass sie allein ohne einen männlichen Gott in der Stammesreligion der Aeoler gestanden habe. Damals, als wir diese Schlussfolgerung zogen, haben wir uns begnügt, im Allgemeinen darauf hinzuweisen, dass die Reste der Aeolischen Mythologie sehr deutliches Zeugniss von der Existenz eines solchen männlichen Gottes ablegen, und unter anderm der Heros Herakles als Metamorphose desselben anzusehen sei [1]. Ob aber der Aeolische Gott anders als in heroischer Metamorphose erhalten sei, haben wir an jener Stelle noch unentschieden gelassen. Jetzt dagegen können wir schon geradezu den Gott Helios als den ehemaligen Aeolischen Stammesgott und Gemahl der Hera bezeichnen. Den vollen Beweis für diese Behauptung spätern Untersuchungen vorbehaltend [2] begnügen wir uns hier dieselben im Ganzen und Grossen mit einigen Gründen zu stützen.

Dass Helios vor Alters noch etwas mehr bedeutet haben müsse, als die im Osten aufgehende und im Westen untergehende Sonne, zeigt die Verknüpfung desselben mit mehreren alten Heroensagen. Namentlich möchte wohl kein aufmerksamer Leser der Odyssee sich des Ge-

---

[1] Vgl. oben S. 204 f.

[2] Einen etymologischen Stützpunct will ich jedoch beiläufig noch erwähnen. Der Name Ἥλιος, Hom. ἠέλιος = ἠΓέλιος, Kretisch ἀβέλιος entspricht genau dem Sanskr. sûrya (die Sonne) = savarya von Wurzel svar, glänzen (vgl. Benfey Orient und Occ. I. S. 286). Auf dieselbe Wurzel führt sich der Name Ἥρα zwanglos zurück, ähnlich wie ἥδομαι, ἡδύς auf Wurzel svad. Durch ihre Namen werden also Helios und Hera eben so als zusammengehöriges Götterpaar bezeichnet wie Ζεύς und Διώνη.

dankens erwehren können, dass hier alte, halbverschollene religiöse Vorstellungen, die den Gott sehr nahe berühren, im Hintergrunde liegen. Die Sonnentochter Kirke, die Rinder des Helios auf der Insel Thrinakia spielen hier eine eigenthümliche und mit den gewöhnlichen Vorstellungen von dem Wesen des Gottes nicht wohl zu vereinbarende Rolle, worauf schon O. Müller aufmerksam geworden ist [1]). Auch das muss auffallen, dass Helios trotz eines nicht unbedeutenden Cultes nicht der olympischen Götterfamilie angehört, sondern durch seinen Vater Hyperion, den angeblichen Titanen, nur in entferntere Verwandtschaft zu Zeus gestellt wird. Alle diese Umstände deuten darauf, dass der Gott aus einer früher bedeutendern und umfassendern Stellung durch Einwirkung historischer Verhältnisse verdrängt ist, und zwar schon zu einer Zeit, wo das polytheistische System, dessen Familienhaupt und Mittelpunct Zeus ist, noch nicht angefangen hatte sich zu bilden; denn sonst würde er, wie alle übrigen grossen Götter, als Bruder oder Sohn in die Familie des Zeus aufgenommen sein. Werden wir nun durch diese Thatsache im Allgemeinen auf den Zeitpunct verwiesen, wo die Achäer in Thessalien eindrangen und im Zusammenstoss mit den Aeolern der erste Schritt zur Bildung des polytheistischen Systems geschah [2]), so gibt sein nahes Verwandtschaftsverhältnis zu Medeia, der heroischen Repräsentantin der Hera, mit Bestimmtheit an die Hand, ihn der Aeolischen Stammesreligion zu vindiciren. Dazu stimmt, was wir über die Schicksale des Aeolischen Stammes aus früheren Ermittelungen wissen. Durch Zusammenstoss mit den Achäern

---

[1]) Prolegg. S. 348 ff. Was er indessen zur Lösung dieses „grossen Räthsels der Odyssee" beibringt, genügt nicht.

[2]) I. S. 249. 256.

wurde derselbe nämlich theils in Trümmer zersplittert,
die sich an den verschiedensten Puncten Griechenlands
ansiedelten, aber nirgends auf die Dauer selbständig zu
erhalten vermochten, theils von den Achäern absorbirt.
Unter solchen Umständen konnte wohl die Göttin des
Stammes, von den Achäern recipirt und zu ehelicher
Gemeinschaft mit dem Gotte Zeus verbunden, ihr altes
Ansehen behaupten, der Gott jedoch, ohne den Halt
einer geschlossenen Cultusgemeinde, musste mehr und
mehr so zu sagen verkümmern und schliesslich fast zu
der blossen Personification eines Himmelskörpers her-
absinken. Denn namentlich in den männlichen Gottheiten concentrirt sich auch das politische Bewusstsein des
Stammes dergestalt, dass mit dem Aufhören der politischen Selbständigkeit auch jene entweder ganz verschwinden oder nur in einer dürftigen Weise ihre Existenz fristen, was wir auch in Betreff des Gottes Hermes unten
näher nachweisen werden und von dem Kaukonischen
Gotte Hades bereits nachgewiesen haben.

So vorbereitet werden wir begreifen, dass wir auch
in Aietes, dem Sohn des Helios, eine Figur der Aeolischen Religion zu erkennen haben. Seine Stellung in
dieser ergibt sich aus der Beziehung seines Namens zu
dem Namen seines Herrschaftsgebietes *Ala*. Dieser Name bezeichnet zwar an sich nichts Anderes, als das Ap-
pellativum *ala* oder $\gamma\alpha\tilde{\iota}\alpha$, $\gamma\tilde{\eta}$; allein es ist früher von
uns gezeigt, dass $\gamma\alpha\tilde{\iota}\alpha$, $\gamma\tilde{\eta}$, auch als Bezeichnung für die
Unterwelt dient [1]), und wir werden um so weniger Be-
denken tragen, das *Ala* der Argonautensage in diesem
Sinne zu verstehen, da der Dichter Mimnermos dasselbe
an den Rand des Okeanos versetzt, und die Heimat der
Kirke, der Schwester des Aietes, die Insel $A\iota\alpha i\eta$, die

---

[1]) oben s. 36.

doch offenbar mit jener Oertlichkeit eins ist, sich auch
noch in der Darstellung der Odyssee sehr deutlich als
die Unterwelt characterisirt [1]).

Was endlich das goldene Vliess anbetrifft, so wird
zum Beweise, dass auch dieses räthselhafte Symbol der
Aeolischen Religion entstammt, vor der Hand ausreichen,
was oben S. 179 f. darüber gesagt ist.

Kehren wir nun zu dem Jasonischen Mythus selbst
zurück, um zu sehen, welche Veränderungen der Zutritt
jener Aeolischen Elemente in demselben gewirkt hat.
Haben wir aus dem stammverwandten Kadmeischen Mythus gelernt, dass das Ziel der Wanderung des Helden
die Auffindung der ihm bestimmten Braut und die Vermählung mit derselben ist, so ist hier jetzt das Holen
des goldenen Vliesses zum Zweck der ganzen Fahrt geworden, und alles Andere, selbst die Vermählung mit
der Heroine gestaltet sich nur als Mittel zur Erreichung
dieses Zwecks. Das führt zunächst zu einer Umkehrung
der Reihenfolge der Begebenheiten. Denn war dort die
Tödtung des Drachen, in dessen Gewalt sich die Braut
befindet, der erste und nothwendigste Act des Dramas,
dem das Pflügen und das Säen der Drachenzähne in ganz
ungezwungener Weise als zweiter Act folgt, so musste
hier der zweite Act zum ersten werden; denn hätte Ja-

---

[1]) Ares S. 91 ff., wo freilich darin gefehlt ist, dass Kirke
mit Hekate identificirt wird. Es zeigt sich vielmehr jetzt deutlich, dass die zauberkundige Göttin mit der φαρμακίς Medeia
auf das Engste verwandt ist und folglich für die chthonische Ge-
talt der Hera gelten muss. — Ueber die symbolische Bezeichnung der Unterwelt als Insel s. oben S. 49. Dass gerade der
Aeolischen Religion diese Anschauung sehr geläufig war, zeigt
auch die jenseit des Okeanos, also im Reiche der Unterwelt gelegene Insel Erytheia, wo die Rinder des Helios neben den Rindern des Hades weiden. Apollod. II, 5, 10. vgl. Ares S. 98 ff.

von gleich den Kampf mit dem Drachen bestanden, so würde der Held mit der Beseitigung des hier zum Wächter des Vliesses gewordenen Ungethüms sofort in den Besitz des erstrebten Schatzes gekommen sein, und damit wäre ja seine ganze Aufgabe gelöst gewesen. Freilich führt nun diese Umkehrung des natürlichen Zusammenhangs zu einer Inconvenienz: die Zähne des Drachen müssen gesäet werden, ohne dass derselbe erschlagen ist. Da weiss sich aber der Mythus zu helfen, indem er die Göttin Athene gewissermassen als den ex machina einschreiten lässt; sie hatte dem Aietes von den Zähnen des Kadmeischen Drachen die Hälfte gegeben, die sie aufbewahrt hatte — freilich ein Auskunftsmittel, das wohl erst von mythenkundigen Logographen ausgesonnen sein mag, um jene durch Zerrüttung des ursprünglichen Zusammenhangs entstandene Inconvenienz zu verwischen. War nun ferner die Auffindung der Heroine und die Vermählung mit ihr nicht mehr Zweck der Fahrt, so musste es motivirt werden, warum dennoch der Held die Vermählung mit ihr vollzieht. Dazu zeigte der Character der Aeolischen Heroine, die hier in die Stelle der altargivischen einrückte, den Weg. Sie war eine φαρμακίς gleich ihrer Doppelgängerin, der zauberkundigen Tochter des Helios auf der Insel Ἀίαίη; als solche war sie im Stande dem Helden eine kräftige Helferin in allen seinen Nöthen zu sein, und zum Dank dafür vermählt er sich mit ihr. Es galt nun natürlich, den Werth ihres Beistandes so stark als möglich hervortreten zu lassen. Darum müssen die Stiere, die Jason anzuschirren hat, feuerschnaubende Ungethüme sein, die nur durch Zaubermittel unschädlich gemacht werden können [1]), und die Tödtung des Drachen, die ja auch, da

---

1) Es ist allerdings ersichtlich die Meinung des Mythus in

man in dem veränderten Zusammenhange seiner Zähne
nicht mehr bedurfte, nicht mehr nothwendig zu sein
schien, verwandelt sich in eine Einschläferung durch
die φάρμακα der Medeia [1]), was auch vollkommen ge-
nügte, um in den Besitz des Vliesses zu gelangen.

Dass in allen diesen Umwandelungen sich eben kein
Verständnis des ursprünglichen Mythus kundgibt [2]), ist
einleuchtend, und es kann auch nicht erwartet werden,
dass die Sieger sich die Mühe hätten geben sollen, in
den Zusammenhang der religiösen Anschauungen des unterworfenen Stammes einzudringen. Dennoch zeigen sich
in einigen Puncten Symptome eines gewissen Tactes, vor
allem aber darin, dass das chthonische Symbol des altargivischen Mythus, der Drache, mit ebenfalls chthonischen Elementen des Aeolischen Mythus combinirt wird;
denn *Ala* ist, wie wir gesehen haben, die Benennung
der Unterwelt in der Aeolischen Religion. Dabei hat
man die schon vorgefundene Verknüpfung des Drachen
mit dem aus der Thrakischen Religion in den altargivi-

---

seiner traditionellen Fassung, dass Aietes die Anschirrung der
Stiere und das Säen der Drachenzähne befiehlt, um dem Jason
den Untergang zu bereiten, allein er sollte diesen wohl nicht
durch die Stiere, sondern durch die aus der Saat aufspriessenden gehamischten Männer finden. Folglich ist der dem ursprünglichen Mythus ganz fremde und zu dessen Sinn auch gar nicht
passende Zug, dass die anzuschirrenden Stiere wild, von unge-
wöhnlicher Grösse, erzfüssig und feuerschnaubend gewesen sein,
nur hinzu gekommen, um der Medeia Gelegenheit zu geben, sich
als φαρμακίς um Jason verdient zu machen.

[1] Eur. Med. 482 berichtet freilich von einer Tödtung durch
Medeia, indessen schwerlich auf Grund alter Ueberlieferung.

[2] Auch darin nicht, dass Jason die aus der Drachensaat
aufspriessenden Männer sämmtlich tödtet, wodurch ganz verwischt wird, dass dieselben die autochthonischen Träger des
Stammes sind, was der Kadmeische Mythus doch beibehalten hat.

schen Mythus hinübergenommenen Unterweltsgott Ares
nicht beseitigt, sondern indem man den Drachen sammt
dem Vliesse in den Hain des Ares versetzte, gewissermassen eine Unterwelt in die andere hineingestellt, ähnlich wie die Unterwelt der Achäischen Religion, der
Tartaros, später zu einem gesonderten Raume der Ha-
desunterwelt geworden ist¹). Sodann hat man auch mit
gutem Grunde die Medeia zur Tochter des Aietes gemacht, während ihre Doppelgängerin Kirke die Schwester des Aietes ist. Denn sie vertritt hier ja die altargivische Göttin in ihrer bräutlichen Phase, welche in
dem Kadmeischen Mythus als die Tochter des Unterweltsgottes (des Drachen oder des Ares) gilt.

Ueberblicken wir die Ergebnisse unserer Kritik noch
einmal, so müssen wir allerdings gestehen, dass der
Jasonische Mythus so mächtige Einwirkungen erlitten hat,
dass wir ohne die Hülfe des glücklicherweise im Ganzen
reiner erhaltenen Kadmeischen Mythus von jedem Versuche ihn zu entziffern hätten abstehen müssen. Trotzdem aber werden wir nach Wiederherstellung des ursprünglichen Zusammenhanges aus ihm einige Data gewinnen können, die der Kadmeische Mythus nicht so
klar bietet. So hat der Jasonische Mythus in seinem
Ausgangspuncte, wo der Aeolische Mythus noch nicht
auf ihn einwirkt, einen Zug festgehalten, der dem Kadmeischen fehlt und nur aus dem Zusammenhange mit
dem Eleusinischen Mythus von uns ergänzt ist. Jason
weilt nämlich in seiner Kindheit in der Höhle des Cheiron und verlässt dieselbe erst, nachdem er zum Jüngling
herangewachsen ist, um jetzt die ihm gebührende Herrschaft in Anspruch zu nehmen. Das Letztere ist aller-

---

¹) Ein Wald als symbolische Bezeichnung der Unterwelt
kommt in der Deutschen Mythologie öfter vor.

dings zwar zunächst in historischem Sinne zu verstehen (von der Eroberung von Jolkos durch den alturgivischen Stamm), allein der historische Mythus verflicht sich hier mit dem religiösen. Denn die Höhle des Cheiron muss hier mit demselben Rechte wie in dem Mythus von Aktaion (oben S. 119) als Symbol der Unterwelt gefasst werden.

Ein anderer Punct, der für uns von nicht geringerem Interesse ist, lässt sich nicht darlegen, ohne dass wir uns für einen Augenblick von dem bisherigen Terrain unserer Untersuchungen entfernen.

Auf der Insel Kreta fällt uns ein weibliches Wesen in die Augen, welches durch seine Genealogie in einen unverkennbaren Zusammenhang mit dem Jolkischen Mythus tritt, Pasiphae, die Tochter des Helios, Schwester der Kirke und Gemahlin des Minos [1]). Das Verhältnis derselben zu Minos eröffnet uns eine weite Perspective, wenn wir den Namen dieses alten Seekönigs genauer betrachten. A. Kuhn leitet $Mίνως$ und $Mινύας$ aus derselben Grundform $Μανξαντ$ ab und bemerkt schliesslich: „Ob $Mίνως$ und $Mινύας$ sonstige Berührungspuncte darbieten, kann dabei ganz unerörtert bleiben, jedenfalls stehen die Formen beider Namen in naher Verwandtschaft zu einander" [2]). Indem wir Kuhn's sprachliche Erklärung adoptiren, erkennen wir in Minos einen heroischen Repräsentanten eines in Kreta angesiedelten Zweigs der Minyer und finden dafür in dem Cultus eine sichere Bestätigung. Denn der Stammgott der Minyer

[1]) Apollod. I, 9, 1. III, 1, 2. Apoll. Rh. III, 999. 1076. 1107. Cic. N. D. III, 19. Hyg. fab. 40.

[2]) Beitr. zur vgl. Sprachf. herausgeg. v. A. Kuhn und A. Schleicher I. S. 369. Die Länge des ι in $Mίνως$ erklärt Kuhn aus der Nachwirkung des Digamma.

ist Poseidon, und denselben Gott verehrt auch Minos
mit Gebet und Opfer und erhält durch ihn nach dem
kinderlosen Tode des Asterion die Herrschaft über die
Insel [1]) — eine Angabe, die um so mehr Beachtung
verdient, da Minos gewöhnlich für einen Sohn des Zeus
gilt, und man deshalb erwarten sollte, dass dieser und
nicht Poseidon sein Schutzgott wäre. Repräsentirt aber
Minos eine Ansiedelung Minyeischen Volks in Kreta, so
möchte wohl seine Ehe mit der Heliostochter Pasiphae
einen deutlichen Fingerzeig geben, dass dieselbe von
Jolkos ausgegangen sein muss, zu einer Zeit, wo die
Aeoler sich dieser Stadt bereits bemächtigt hatten; denn
die Ehe ist ein häufig wiederkehrender symbolischer Ausdruck des historischen Mythus für die Verschmelzung
zweier Völker oder Stämme [2]).

---

[1]) Apollod. III, 1, 3. II, 5. 7. Vgl. I. S. 311 ff.

[2]) Es scheint angemessen und auch für das Verständnis des
hier in Frage kommenden Punctes ersprießlich, die Bevölkerungs-
verhältnisse der Insel Kreta, die wir schon bei verschiedenen
Gelegenheiten haben berühren müssen, hier einmal in kurzer
Uebersicht zusammen zu stellen. Alles, was die mythische Ueberlieferung davon zu berichten weiss, concentrirt sich mehr oder
weniger in der Persönlichkeit des Minos, indem die später sich
ansiedelnden Stämme den vorgefundenen Heros adoptiren. Die
in Asterion repräsentirte Karische Bevölkerung, welche vor dem
Beginn der Einwanderung die herrschende war, wird überwältigt durch eine von Jolkos ausgehende Colonie gemischten Volks,
deren überwiegende Masse jedoch aus Minyern bestanden haben
muss, da der Heros ἐπώνυμος dieses Stammes nicht nur im Mythus als der Nachfolger des Karischen Königs bezeichnet, sondern auch in andern Berichten als der Ueberwinder der Karier
gefeiert wird. Diese Colonie fällt noch vor die Zeit der Thessalisch-Böotischen Wanderung. Nach dieser Zeit, als die aus
Thessalien verdrängten Achäer die Kadmeer aus ihren Sitzen in
Böotien aufstören, erfolgt jene Einwanderung Kadmeischen und
Achäischen Volks, welche den Cult des Zeus und den Mythus

Nun wird von Pasiphae eine wunderliche Geschichte
erzählt. Poseidon hatte auf das Gebet des Minos zum
Beweise, dass diesem die Königsherrschaft von den Göttern bestimmt sei, einen Stier aus der Tiefe des Meeres
emporsteigen lassen. Da Minos aber seinem Versprechen
zuwider diesen Stier nicht geopfert, sondern in seine
Heerde gesandt hatte, so flösste der darüber erzürnte
Gott der Pasiphae eine unnatürliche Liebe zu dem Stier
ein. Um diese zu befriedigen, liess sie sich von Daidalos eine hohle Kuh aus Holz verfertigen, stieg in dieselbe und erreichte es so, dass der Stier sich mit ihr
begattete. In Folge davon gebar sie den Minotauros,
ein Ungeheuer mit Stierkopf und menschlichem Rumpfe[1]).
So räthselhaft diese Geschichte auf den ersten Blick erscheint, so geht uns doch plötzlich ein Licht auf, wenn
wir uns erinnern, dass in der alturgivischen Religion die
in ihrer olympischen Phase als Ehegatten verbundenen
Gottheiten symbolisch als Stier und Kuh gefasst wurden.
Denn halten wir dazu die wiederholt gemachte Beobach-
tung, dass die symbolische Thiergestalt der Götter, wenn

---

von Europa nach der Insel getragen hat. Den neuen Ankömm-
lingen gegenüber erhält sich der vorgefundene Heros zwar in seiner Stellung, muss sich aber gefallen lassen, Zeus und Europa
als seine Eltern und den Achäischen Archegeten Deukalion als
seinen Sohn anzunehmen. So war denn seine Stellung durch
längere Tradition gefestigt genug, dass auch die Dorische Colonisation ihn anerkannte und die Dorischen Institutionen der Insel der Weisheit seiner Gesetzgebung zuschrieb. Ausserdem muss
aber einmal eine Einwanderung aus Attika vor sich gegangen
sein, durch welche die Sagen vom Labyrinth und Daidalos, einem Hephaistosheros, nach Kreta getragen sind. Ueber die Zeit
dieser lässt sich indes nur soviel bestimmen, dass sie nach der
Jolkischen Colonisation stattgefunden haben muss, da jene Mythen sich ebenfalls an Minos anschliessen.

[1]) Apollod. III. 1. 4.

dieselben in die menschliche Sphäre des Heroenthums hinabsteigen, beseitigt werden muss und nur andeutungsweise sich erhalten kann, so erkennen wir in der sich in eine künstliche Kuh einschliessenden und so mit dem Stier buhlenden Heroine Pasiphae die kuhgestaltige Göttin Io-Demeter, die mit dem stiergestaltigen Argos den ἱερὸς γάμος vollzieht. Es liegt also hier in der Ueberlieferung unmittelbar vor, was bei dem Argolischen Mythus erst durch die Kritik ermittelt werden musste, und wir gewinnen auch jetzt ein Verständnis dafür, dass in der Kuh, von welcher Kadmos, angeblich auf Weisung des Delphischen Orakels, sich zur Gründungsstätte von Theben leiten lässt, ebenfalls eine Hindeutung auf die ursprüngliche Kuhgestalt der Europa zu sehen ist. War nämlich ursprünglich in dem Mythus gesagt: Kadmos gelangt, indem er die kuhgestaltige Göttin sucht (ihr nachgeht), in die Gegend von Theben und gründet dort eine Stadt, so löste sich, nachdem durch die früher erläuterten Verhältnisse die Wendung in den Mythus gekommen war, dass Europa von Zeus nach Kreta entführt sei, die symbolische Kuhgestalt von der zur Heroine gewordenen Göttin ab und verselbständigte sich gewissermassen, ihre ursprüngliche Stelle im Mythus behauptend. Eine Bestätigung für diese Auffassung liegt in der sonst ganz unverständlichen Angabe, dass die Kuh durch mondförmige Flecken sich ausgezeichnet habe [1]). — Heisst nun die Demeterheroine Pasiphae Tochter des Helios und Schwester der Kirke und des Aietes, so ergibt sich daraus, dass wir in ihr die weibliche Figur zu sehen haben, welche in dem Jasonischen Mythus durch die Aeolische Heroine Medeia verdrängt ist. Dass in der Kretischen Colonie ein Element des altargivischen

---

[1]) Schol. Eur. Phoen. 638. Paus. IX. 12. 1. Hyg. f. 178.

Mythus sich erhielt, welches in Jolkos beseitigt wurde, ist leicht begreiflich, wenn wir erwägen, dass bei dieser Wanderung das in Jolkos fortdauernde Uebergewicht des Aeolischen Stammes über den altargivischen schon um deswillen nicht bestehen konnte, weil hier Minos d. h. der in Minos repräsentirte Minyeische Stamm an die Spitze trat, der dem Cultus des in der Heimat von den Aeolern unterdrückten Stammes kein Hinderniss in den Weg gelegt haben wird [1]. Uebrigens bietet auch der nach Homer's und Hesiod's Angabe [2] in Kreta ναῷ ἐν τριπόλῳ mit Demeter buhlende Jasion eine urkundliche Bestätigung, dass nicht Medeia, sondern die Demeterheroine Pasiphae die echte Gemahlin des Argonauten ist; denn die geringe Verschiedenheit der Namenbildung und die von Spätern [3] behauptete Abstammung des Jasion von Zeus wird wohl Niemanden bewegen, den Argonau-

---

[1] Es liegt, auch abgesehen von der Ehe des Minos mit der altargivischen Heroine Pasiphae, eine Andeutung von einer engen Verschmelzung des Minyeischen und altargivischen Volks in dieser Colonie vor. Denn der Μινώταυρος ist sprachlich = Minos in Stiergestalt; es ist also die Stiergestalt der altargivischen Gottes auf Minos übergegangen, ähnlich wie Zeus als Führer der Achäisch-Kadmeischen Colonie die Stiergestalt annimmt. Gegen diese Deutung spricht nicht die Rolle, welche der Minotauros als menschenfressendes Ungethüm im Labyrinth spielt. Denn mit dem Labyrinth setzt, wie oben S. 346 Anm. gezeigt ist, ein Attischer Mythus ein, der von Haus aus mit dem Minotauros nichts zu thun hat. Dass aber bei solchen durch Zutritt neuer Volkselemente bewirkten Veränderungen der Sinn der ältern Mythen oft wenig berücksichtigt wird, haben wir vorhin an der Jasonischen Drachensaat gesehen.

[2] Hom. Od. V, 127. Hes. Theog. 969.

[3] Homer gibt den Namen ohne irgend eine Bezeichnung der Abstammung, eben so Hesiod, der übrigens die Namensform Ἰάσιος bietet.

ten und den Buhlen der Demeter von einander zu trennen.

Es bleibt uns jetzt noch übrig, die Namen der sowohl in dem Jasonischen als in dem Kadmeischen Mythus vorkommenden Personen etymologisch zu erklären. Wir werden daraus neue Bestätigungen für Manches gewinnen.

Wir beginnen mit dem Namen Ἰάσων. O. Müller leitet denselben von ἰάομαι ab und erklärt demgemäss den Helden für einen heilenden Gott mit Beziehung auf das von ihm geholte Vliess, in dem er einen symbolischen Hort des Heils oder der Versöhnung erblickt [1]. Müssen wir schon nach Entfernung des Vliesses aus dem ursprünglichen Mythus diese Beziehung für unstatthaft erklären, so erhebt sich auch ein sprachliches Bedenken. Zwar an sich betrachtet scheint die Länge des α in der Namensform Ἰάσων die Müller'sche Etymologie zu empfehlen, wie Ἰασώ, die Tochter des Asklepios, unzweifelhaft von ἰάομαι benannt ist. Allein Müller selbst macht die Bemerkung, dass die Namensformen Ἴασος, Ἰάσων, Ἰάσιος, Ἰασίων von Ursprung einerlei sind und häufig mit einander verwechselt werden [2]. Wir müssen dem um so mehr beistimmen, da wir aus sachlichen Gründen eben erst den mit Demeter buhlenden Ἰασίων für identisch mit dem Argonauten erklärt und früher schon das Ἴασον Ἄργος in Zusammenhang mit dem Namen unsers Helden gebracht haben. Diese beiden Namen zeigen aber ᾰ [3]. Daraus ergibt sich, dass das lange α in der

---

[1] Orchom. S. 265.
[2] ebendas., vgl. Valken. zu Eur. Phoen. Schol. 152. p. 625.
[3] Ἰασίων gemessen ‒‒‒◡ erscheint Hom. Od. V, 125; Ἰασίῳ gemessen ‒‒◡ Hes. Theog. 970; Ἴασον (Ἄργος) mit der Messung ‒◡◡ Hom. Od. XVIII, 246.

Namensform 'Ἰάσων nur als epische Dehnung gelten darf, die nothwendig war, weil die gehäuften Kürzen der Casus obliqui (z. B. 'Ἰάσονος) sich nicht in den Hexameter gefügt haben würden. Denselben Grund hat die Dehnung des ι in den verwandten Namensformen.

Nach Abweisung der Müller'schen Etymologie fühlen wir uns unwillkürlich durch das Mittelglied "Ἰασον Ἄργος an die Argivische Heroine 'Ἰώ erinnert, die ja auch einen "Ἴασος zum Vater hat. Sollte nicht der Name des Argonauten mit dem Namen dieser in Zusammenhang stehen? In der That liegt es sehr nahe, "Ἴασος, 'Ἰάσων, 'Ἰασίων für nichts Anders als die männlichen Formen zu dem weiblichen Namen 'Ἰώ anzusehen, was sprachlich durchaus keine Schwierigkeiten macht. Denn wie z. B. der Name "Ἵππασος von ἵππος in der Weise sich gebildet hat, dass das Suffix σο an die ältere Form ἵππα-ς angetreten ist, so dürfen wir auch als Mittelform zwischen 'Ἰώ und "Ἴασος, 'Ἰάσων die Wortform ἰο-ς oder ἰα-ς ansetzen, ein einfach und regelrecht von der Wurzel Ι gebildetes Nomen. Eine schlagende Parallele dazu bieten die Namen Γοργασος und Γοργώ, die sich zu dem gebräuchlichen Adjectivum γοργός ganz eben so stellen, wie "Ἴασος und 'Ἰώ zu dem von uns angesetzten ἰος.

'Ἰάσων ist also der „Wanderer" und erweist sich durch diesen Namen einerseits als ein der Ἰο entsprechendes Wesen, andererseits als eine echte Herosgestalt des Gottes Hermes, dessen Namen die gleiche Bedeutung hat [1]). Jenes gibt uns einen neuen Beleg für den innigen Zusammenhang des Jolkischen Mythus mit dem Argivischen, dieses einen festen Anhaltspunct für das genauere Verständnis des Namens 'Ἑρμῆς selbst. Denn

---

[1]) S. oben S. 272; vgl. auch den Heroennamen Keleos.

wie die „Wandlerin" Io von dem Kreislauf des Mondes, so muss ihr männlicher Homonyme von dem Kreislauf der Sonne benannt sein, eine Beziehung, die auch in den Wanderungen der Helden Kadmos und Jason einen symbolischen Ausdruck findet, obwohl diese Wanderungen innerhalb des Mythus eine besondere Motivirung erhalten [1]). Demnach ergibt sich die Identität des Hermes und Argos, die wir seiner Zeit auf mythologischem Wege erwiesen haben, auch aus den Namen, die beide den Sonnengott bezeichnen. Das führt uns noch auf einen andern Punct. Der Name Ἀργοναύται soll von dem Namen des Schiffes Ἀργώ stammen, und dieses nach seinem Erbauer Argos, dem Sohne des Phrixos, benannt sein. Letzteres kennzeichnet sich sofort als einen etymologischen Mythus spätern Ursprungs, da Phrixos von Haus aus mit der Argonautensage nichts zu thun hat. Sollen wir aber das Erstere gelten lassen? Das hiesse der rein mythischen Fahrt den Character einer geschichtlichen Thatsache beilegen. Erwägen wir dagegen, dass eigentlich Jason der einzige Ἀργοναύτης ist, dass ferner bei der stammverwandten Bevölkerung in Argolis nicht nur der Doppelname Ἰάσων Ἄργος als Ortsbezeichnung sich erhalten hat, sondern auch in dem Mythus vom Argostödter zwei Personen mit den Namen Ἴασος und Ἄργος in enger Verbindung vorkommen, so drängt sich uns die Ansicht auf, dass auch Jason ursprünglich noch den Namen Ἄργος geführt habe und deshalb, als seine Wanderung vom Lande auf die See verlegt wurde, Ἀργοναύτης d. h. Ἄργος der Schiffer genannt worden sei [2]). Bestätigt wird diese Ansicht durch

---

[1]) So sind auch die Wanderungen und Irrfahrten der Demeter motivirt durch das Suchen nach dem geraubten Sohne.

[2]) Die Namenbildung ist dieselbe wie bei dem Μινύαυρος.

das räthselhafte Πελασγικὸν Ἄργος Homer's. Dieser
Name, von den alten Geographen verschieden gedeutet,
im Schiffskatalog irrthümlich für eine Stadt genommen,
bezeichnet nach einer neuern Untersuchung einen Land-
strich in Thessalien, wahrscheinlich die Dotische Ebene[1]).
Liegt nun deutlich zu Tage, dass das Ἴασον Ἄργος im
Peloponnes seinen Doppelnamen von dem Gotte des altargivischen Stammes hatte, so werden wir kaum umhin
können, dem Thessalischen Argos einen gleichen Ursprung
beizulegen, oder mit andern Worten, auch die Thessalischen Stammverwandten nannten ihren Gott Argos und
von diesem ihr Land mit dem gleichen Namen, sich
selbst Ἀργεῖοι. Nach der Unterdrückung und Verdrängung dieses Stammes erhielt sich zwar der alte Name
noch längere Zeit, verlor jedoch allmählich seine bestimmte geographische Beziehung.

Der Name der Heroine Pasiphae ist sprachlich sehr
durchsichtig; die „Allen Leuchtende", kann aber nur
auf den Mond bezogen werden. Derselben Beziehung
verdankt auch die Kadmeische Heroine Εὐρώπη, die
„Weitschauende", ihren Namen, den man auch um des
willen nicht anders deuten darf, da die Mutter des
Kadmos, Τηλέφασσα, die „Fernleuchtende", einen gleich-
bedeutenden Namen führt [2]). Nehmen wir den Namen
Ἰώ hinzu, so ergibt sich, dass die Heroinen des altargivischen Stammes sämmtlich in ihren Namen die Beziehung auf den Mond ausdrücken. Das ist um so mehr
zu beachten, da in den Mythen diese Beziehung nur

---

[1]) G. F. Unger, Philol. XXI, 1. S. 1 ff.
[2]) Nach andern Quellen führt die Mutter des Kadmos den
Namen Argiope (Schol. Apoll. Rh III, 1185. Hyg. f. 6. 178. 179',
worin nicht nur ebenfalls eine Beziehung auf den Mond zu liegen,
sondern auch zugleich auf ihre Zusammengehörigkeit mit dem
Gott Argos hingedeutet zu sein scheint.

sehr schwach angedeutet ist, und die Göttin Demeter weder in ihrem Namen noch in den später von ihr geltenden Vorstellungen etwas davon erkennen lässt. Während die Namen aller andern Heroen und Heroinen in den altargivischen Mythen Numen tragen, durch welche sie als Repräsentanten der Gottheiten des Stammes deutlich bezeichnet werden, scheint Kadmos allein eine Ausnahme zu machen. Denn sprachlich von καίνυμι, Wurzel καδ, abzuleiten, hat sein Name eine Bedeutung, die sich etwa mit illustris, insignis übersetzen lässt, was wohl für einen Gott keine angemessene Bezeichnung sein möchte, jedenfalls eine specielle Beziehung auf den Sonnengott nicht enthält [1]). Wir werden es daher vorziehen, den Namen zunächst von dem Stamme zu verstehen, für dessen ἥρως ἐπώνυμος zu gelten Kadmos gegründete Ansprüche behält, wenn auch die Beziehungen auf die Geschichte des Kadmeischen Stammes in seinem Mythus gering sind und vor den Thaten des Gottes in den Hintergrund treten.

§. 10.

Die Religion des altargivischen Stammes.

Die Fragmente der Argivisch-Kadmeischen oder — wie wir, da der Name Καδμεῖοι nur ein Sondername des in Böotien angesiedelten Stammeszweiges ist, lieber sagen wollen — altargivischen Stammesmythen, deren Zusammengehörigkeit die gewöhnliche Ueberlieferung kaum ahnen liess, haben sich durch eine zwar scharf einschneidende, aber streng geregelte Kritik und Interpretation so eng an einander geschlossen, dass wir aus ihnen ein zusammenhängendes und klares Bild der Grund-

---

[1]) Die Deutung auf den κόσμος bedarf keiner Widerlegung.

züge der altargivischen Religion gewinnen können. Dieses auszuführen möchten aufmerksame Leser jetzt auch wohl ohne unsere Hülfe im Stande sein, indessen wollen wir doch zur Förderung des Verständnisses noch einmal den Inhalt der analysirten Mythen zusammenfassen, sodann den daraus sich ergebenden Character der altargivischen Gottheiten zu zeichnen und endlich die Formen des Cultus etwas näher zu bestimmen versuchen.

In dem Argolischen Mythus sehen wir die Gottheiten Argos und Io-Demeter in ihrer olympischen Phase d. h. als segenspendende Gottheiten der fruchtbaren Jahreszeit in fruchtbarer Ehe mit einander verbunden. Der männliche Gott wird zur Andeutung seiner zeugerischen Kraft symbolisch als Stier gefasst, die ihm zugesellte Göttin als Kuh, womit die nährende Kraft der Erde symbolisch bezeichnet ist. Die Göttin ist schwanger und sieht der Geburt eines Söhnleins entgegen, da naht der θέρος, der Zeitpunct, der nach dem unabänderlichen Gesetze der Natur ihrem ehelichen Zusammenleben mit dem zeugenden Stiergott ein Ende macht. Der chthonische Gott, dessen Herrschaft und Macht in der Natur jetzt beginnt, schleicht heran, tödtet den Ἄργος πανόπτης, den seine hundert Augen nicht gegen den listigen Feind schützen können, und entführt die Göttin, um sie selbst zu besitzen.

Damit ist der erste Act geschlossen. Beim Beginn des zweiten ist die Scenerie eine ganz andere geworden, und die Personen, obwohl dieselben wie in dem ersten Act, erscheinen so zu sagen in einem ganz veränderten Costüme und stehen in einem veränderten Verhältnisse zu einander. Die Göttin hat einen Sohn geboren, den zukünftigen olympischen Herrscher, der aber jetzt noch ein schwacher, hülfloser, der Pflege bedürftiger Knabe ist. Doch scheint der Unterweltsgott, der Vater des

Knaben und aufgedrungene Gemahl der Göttin, zu wissen, was für ein gefährlicher Gegner ihm in dem Sohne heranwächst. Er hat ihn also seiner Mutter entführt und ist mit ihm in die Unterwelt enteilt. Von gewaltigem Schmerze ergriffen macht sich die Göttin auf, ihr geraubtes Kind zu suchen, sie durchirrt die ganze Erde, aber auf der Oberwelt ist er nirgends zu finden. Endlich erräth oder erfährt sie, dass er in der Unterwelt weilt. Da entkleidet sie sich freiwillig ihrer hohen olympischen Schönheit; die Gestalt einer alten Frau annehmend, in schwarzes Gewand gehüllt, finster und schweigsam (d. h. selbst zu einem unterweltlichen Wesen geworden) weiss sie unerkannt in die Behausung des räuberischen Gemahls zu dringen und übernimmt dort als Dienerin die Pflege des geliebten Sohnes.

Abermals verändert sich die Scene und zugleich das Verhältnis der Personen zu einander beim Nahen des Frühlings. Der Knabe ist in der sorgsamen Pflege seiner Mutter zu einem kräftigen Jüngling erstarkt, er verlässt die Unterwelt, um sich in den Besitz seiner Herrschaft und der ihm bestimmten Gemahlin zu setzen. Die jugendliche Braut befindet sich aber in der Gewalt ihres Vaters, des gräulichen unterweltlichen Drachen; er muss sie aufsuchen und aus der Gewalt der Unterwelt befreien. Nach langer Wanderung findet er sie, bekämpft und erschlägt den Drachen und feiert dann seine Hochzeit mit der befreiten Braut. Der zeugende Stier und die nährende und gebärende Kuhgöttin haben sich wieder zusammengefunden.

Das sind im Wesentlichen die mythischen Formen, in welche der allargivische Stamm seine Vorstellungen von der Wirksamkeit seiner Gottheiten in dem wechselnden Kreislauf der Jahreszeiten gekleidet hatte. Ihre nahe Verwandtschaft mit den Ideen und Anschauungen der

Achäischen und auch der Kaukonischen Religion haben
wir schon durch gelegentliche Vergleichungen einzelner
Puncte bemerkbar gemacht. In der That ruhen die
Gottheiten dieser Stämme nicht nur auf derselben physischen Grundlage, sondern es sind auch die an den
Wechsel der Jahreszeiten sich anschliessenden Acte ihrer
Thätigkeit und Veränderungen ihrer mythischen Gestalten in sehr ähnlichen Formen ausgeprägt. Doch ergibt
eine genauere Vergleichung auch nicht unbedeutende
Verschiedenheiten, namentlich in der Achäischen Religion. Diese kennt nämlich zwar auch eine Göttin als
Gemahlin des Gottes, allein dieselbe bleibt bei allen
Thaten und Leiden des Gottes völlig unbetheiligt, da sie
nur zur Vertretung ethischer Interessen neben den Gott
gestellt ist. Dagegen greift die altargivische Göttin überall tief in die Handlung ein, ist sogar der Mittelpunct
derselben. Um sie zu entführen, erschlägt der Unterweltsgott ihren Gemahl, um sie zu gewinnen, zieht der
junge olympische Gott aus, bekämpft und tödtet den
Drachen; ja in dem Mittelact erscheint sie fast allein
als die handelnde Person, das Motiv ihres Handelns,
der Raub ihres Sohnes, bildet nur den Hintergrund der
dramatischen Scene. Diese scharf hervortretende Eigenthümlichkeit der altargivischen Religion hängt mit einer
andern eng zusammen, wodurch sie sich ebenfalls von
der Achäischen Religion unterscheidet. Der Achäische
Gott Zeus enthält weder in seinem Namen [1]) noch in
seinen mythischen Handlungen eine Beziehung auf ein
einzelnes physisches Phänomen oder einen bestimmten
Naturkörper; die Achäische Göttin Dione ist sogar nur
eine aus der Person des Gottes erwachsene und mythisch
verselbständigte Persönlichkeit. Dagegen zeigt in der

---

1) Vgl. oben S. 187.

altargivischen Religion der Gott in klaren, gar nicht
miszuverstehenden Andeutungen eine Beziehung auf die
am Himmel leuchtende und dahinwandelnde Sonne (Ἄργος Ἴασος, Ἄργος Ἑρμῆς d. h. der glänzend Wandelnde
oder der wandelnd Glänzende) die Göttin nicht minder deutlich eine Beziehung auf den Mond und die Erde. Durch
diese Anlehnung der Gottesidee an bestimmte, sichtbare
Naturkörper gewinnt die Göttin eine viel festere und selbständigere Existenz als die Achäische Dione, ja auch als die
Kaukonische Göttin, die, obwohl bei den physischen
Acten des Gottes nicht unbetheiligt, doch in einer gewissen Passivität beharrt. Man würde freilich den Character der altargivischen Religion ganz falsch auffassen,
wenn man annehmen wollte, dass Sonne, Mond und
Erde von den Trägern derselben vergöttert worden seien.
Dass daran nicht gedacht werden darf, zeigt die Thatsache, dass hauptsächlich nur die Namen von Eigenschaften entlehnt sind, welche jenen Naturkörpern an-
haften, der Mythus dagegen, fast unbekümmert um diese
Beziehung, wesentlich nur darauf ausgeht, die in dem
Wechsel der Jahreszeiten wahrgenommenen Erscheinungen, in denen sich nach dem religiösen Glauben die
Wirksamkeit der Gottheiten manifestirte, in einer für
das mythische Bewusstsein nothwendigen und befriedi-
genden Weise zu dramatischen Acten zu verarbeiten, in
denen den beiden Gottheiten die zu der jedesmaligen
Situation oder zu der Idee des darzustellenden Actes
passenden Rollen übertragen werden. Wir werden also
auch für die Religion dieses Stammes festhalten müssen,
was wir für die Achäische und die Kaukonische Religion
nachgewiesen haben, dass in ihr keine Naturvergötterung
zu finden ist, sondern dass auch hier die angeborene
Gottesidee die eigentliche Substanz des göttlichen Wesens
ausmacht, welches, in den Phänomenen der Natur thä-

tig geglaubt, diesen nur die besondern Formen seiner
Erscheinung entlehnt. Dabei lässt sich freilich nicht
verkennen, dass die altargivische Religion hierin einen
Schritt weiter gegangen ist, als die Religionen der beiden genannten Stämme. Dafür gibt es indessen auch
einen deutlich erkennbaren Grund. Es liegt nämlich
klar zu Tage, dass die Altargiver ein Ackerbau treibender Stamm gewesen sind [1]). Für einen solchen war es
aber, wie jeder aus Hesiod's und Virgil's Gedichten vom
Landbau weiss, durchaus nothwendig, die Erscheinungen
und Wanderungen der Himmelskörper scharf zu beobachten, um den rechten Zeitpunct zur Bestellung des
Ackers, zur Aussaat und zur Ernte nicht zu verfehlen.
Darum fordert auch mit Recht die Göttin Demeter in
Schiller's Eleusischem Fest von dem Ackerbauer, dass er

> Ehre das Gesetz der Zeiten
> Und der Monde heilgen Gang,
> Welche still gemessen schreiten
> In melodischem Gesang.

Auch konnte es ihm nicht entgehen, dass hauptsächlich
die erwärmende Kraft der Sonnenstrahlen den Keim des
Pflanzenlebens im Schoosse der Erde erweckt und zeitigt.
Was ist also natürlicher, als dass diese schärfern Beobachtungen der Natur ihren Einfluss auf seine religiösen
Anschauungen übten, so dass die Bewegung und die zeugende Kraft der Sonne in dem männlichen Gott, dessen
Existenz und Wirksamkeit in dem Wechsel der Jahrzei-

---

[1]) Vgl. oben S. 326. Interessant ist hierfür auch die ausdrückliche Angabe Apollodor's, dass Jason πόθῳ γεωργίας ἐν
τοῖς χωρίοις sich aufgehalten habe. Vgl. auch die Worte des
Pherecydes bei Schol. Pind. Pyth. IV, 133: ἔτυχε ἀροτρεύων ἐγγὺς
τοῦ Ἀνιγρου ποταμοῦ. Aehnlich haben wir auch in dem Mythus
des Peleus eine beiläufige Andeutung gefunden, dass die alten
Achäer vorzugsweise von der Jagd lebten. 1. S. 227.

ten der von den Vorfahren ererbte religiöse Glaube verbürgte, ihren Reflex fand, und dem entsprechend auch das Wesen der weiblichen Gottheit sich veränderte, indem sie ihre physische Farblosigkeit und Passivität aufgebend eine Beziehung auf die Wanderungen des Mondes und die nährende und gebärende Kraft der Erde in ihr Wesen aufnahm? Die festere und selbständigere Stellung der Göttin neben dem Gotte zeigt sich aber nicht bloss in dieser physischen Beziehung, sondern die Göttin greift auch, wie wir gesehen haben, in die Handlung des Mythus kräftig ein. Auch hierin glaube ich eine Folge der Lebensweise des Stammes erkennen zu müssen. So lange nämlich ein Stamm sich vorzugsweise mit Krieg, Jagd oder Viehzucht beschäftigt, wird die sociale Stellung des Weibes eine untergeordnete und gedrückte sein. Das lehrt nicht bloss die Geschichte und Ethnographie, sondern es ist auch in der Natur der Sache begründet. Bei jenen Beschäftigungen kann sich das Weib entweder gar nicht oder nur in untergeordneter Weise betheiligen, und darum muss bei solchen Stämmen das weibliche Geschlecht sich auch mit einer dienenden und untergeordneten Stellung begnügen. Der Uebergang zum Ackerbau ändert dies, der Mann hat jetzt an dem Weibe eine Gehülfin bei seiner Arbeit draussen und eine die eingesammelten Vorräthe ordnende und verarbeitende Wirthschafterin daheim; die Sclavin wird zur Hausfrau. So hat wohl bei keinem Volke des Alterthums die Frau eine ehrenvollere Stellung als bei den Römern, bei welchen der Ackerbau der Nerv des socialen Lebens war. Diese höhere Stellung des Weibes nun, die wir auch bei den Altargivern als Folge ihrer Lebensweise voraussetzen müssen, fand in der Religion, welche stets ein getreues Spiegelbild der Culturverhältnisse ist, ihren Ausdruck dadurch, dass die Göttin des Stammes mit einer gewissen

Selbständigkeit des Wollens und Handelns dem Gotte
gegenübertrat.

Es erhebt sich jetzt die Frage, ob und welche ethischen Ideen in der altargivischen Religion enthalten gewesen sind. Nach einer früheren Bemerkung (S. 195) können wir nicht erwarten, dass davon in den alten Stammesmythen, die sich vorzugsweise mit dem physischen Wesen der Gottheiten beschäftigen, viel zu finden sein wird, ohne daraus schliessen zu dürfen, dass nicht vielleicht der Stamm in seiner Blütezeit schon eine reiche Fülle ethischer Ideen in seinem Herzen getragen und durch entsprechende Epitheta in das Wesen seiner Gottheiten aufgenommen habe. Doch fehlt es auch in den behandelten Mythen nicht an Elementen ethischen Gehalts.

Dahin gehört zunächst, dass die chthonische Seite der beiden Gottheiten offenbar keineswegs bloss die physische Beziehung auf die unfruchtbare Jahreszeit in sich enthält, sondern auch die Macht des Todes in der Menschenwelt mit umfasst. Der geraubte Knabe ist von der Oberwelt verschwunden, in die Unterwelt entführt, welche symbolisch als Höhle bezeichnet wird [1]). Um in diese Behausung einzudringen, verändert Demeter ihre Gestalt, sie ist alt, spricht nicht und lacht nicht, nimmt also Eigenschaften an, welche die Unterweltsgottheiten von den menschlichen Todten zu entlehnen pflegen. Beide Gottheiten erscheinen hier also als Beherrscher des Todtenreichs, wovon auch später, wie unten gezeigt werden soll, manche Nachklänge sich erhalten haben. Kräftiger tritt hervor, dass das Institut der Mordsühne unter den Schutz des Gottes gestellt war; denn er selbst

---

[1]) Vgl. was oben S. 348 über die Höhle des Cheiron gesagt ist, in welcher der Held Jason erzogen sein soll.

unterzieht sich dem, was das Gesetz dem Mörder auferlegte. Nicht minder deutlich erscheint der Gott als Schützer und Hort des Ackerbaus, denn er selbst führt im Frühling den heiligen Pflug; und dass an dieser Eigenschaft auch Demeter Theil hatte, beweist ihr späteres Wesen. Ferner darf auch wohl vermuthet werden, dass die Aufopferung und Liebe, mit welcher sich Demeter der Pflege ihres Sohnes Demophon widmet, und das wunderbare Gedeihen des Kindes nicht so sorgfältig im Mythus dargestellt sein würde, wenn nicht die Mütter des Stammes die Pflege und das Gedeihen ihrer eigenen Kinder der Fürsorge der Demeter als κουροτρόφος unterstellt geglaubt hätten. Endlich gibt auch die glänzende Feier des ἱερὸς γάμος, die einst auf der Burg Kadmeia mit einem ähnlichen Glanze begangen sein wird, wie die angeblich unter Betheiligung aller Götter gefeierte Hochzeit des Kadmos und der Harmonia, einige Gewähr dafür, dass die Heiligkeit der Ehe und die daraus von selbst resultirende Auffassung der Demeter als Ehegöttin dem Stamme nicht fremd war.

Damit haben wir wohl erschöpft, was sich über die religiösen Anschauungen des altargivischen Stammes aus den erhaltenen Mythen entnehmen lässt. Trotz der Dürftigkeit der Ueberlieferung lässt sich doch soviel deutlich erkennen, dass wir auch hier eine in sich geschlossene und für das religiöse Bedürfnis vollkommen ausreichende Religion vor uns haben. Denn die physische Wirksamkeit der beiden Gottheiten ist nicht auf vereinzelte Phänomene beschränkt, sondern umfasst alle im Kreislaufe des Jahrs eintretenden Veränderungen in der Natur, so weit sie für das practische Leben in Betracht kommen. Vermissen könnte man höchstens nur Beziehungen auf einzelne Witterungsphänomene, wie Donner und Blitz, Regen und Sturm. Allein theils haben uns die Achäischen Mythen gezeigt, dass derartige Beziehungen entweder gar nicht berücksichtigt werden oder nur in schwachen Andeutungen vorkommen, theils liegt es auf der Hand, dass, so lange die altargivische Religion ihre Selbständigkeit behauptete, der den Kreislauf des Jahres beherrschende Gott sicherlich auch die dabei hervortretenden einzelnen Witterungsphänomene in seiner Macht gehabt haben wird. Die ethische Wirksamkeit erstreckt sich zwar, so weit wir sie überschauen können, nicht auf alle Interessen des politischen und socialen Lebens, die wir bei einem selbständigen Stamm voraussetzen müssen. Aber konnten sich denn die darauf bezüglichen Eigenschaften der Gottheiten erhalten, wenn diese Interessen selbst aufhörten, was mit dem Untergange des Stammes doch nothwendig eintreten musste? Höchstens nur dann, wenn andere Stämme den Cult aufnahmen und die fremden Gottheiten so neben ihre eigenen stellten, dass sie jenen die Fürsorge für solche Interessen überliessen, welche bis dahin in diesen keine oder keine genügende Vertretung gefunden hatten. Das ist denn auch bei Demeter der Fall gewesen, welche durch Anschluss an die Kaukonische Religion sich als Specialgöttin des Ackerbaues behauptet hat. Dagegen wäre es doch für einen fremden Stamm ganz unmöglich gewesen, den Gott Argos-Hermes z. B. als Kriegsgott oder Vorsteher des politischen Gemeinwesens — Eigenschaften, die er als Stammesgott unzweifelhaft einst besessen hat [1]) — zu adoptiren, da der eigene Gott nothwendig für diese wichtigsten Interessen seiner Verehrer einstehen musste. Beherzigen wir nun noch obendrein, dass das Wesen jedes wahrhaften Gottes [2]) gerade nach der ethi-

[1]) In dem Hermes πρόμαχος der Tanagräer hat davon ein Rest sich erhalten, vgl. unten §. 13.
[2]) Ich könnte auch sagen: jeder Stammesgottheit. Denn

schen Seite hin einer unbegrenzten Ausdehnung fähig ist (S. 68 f.), so werden wir uns die Lücken, die wir in dem ethischen Wesen unserer Gottheiten wahrnehmen, nicht bewegen, das Bedürfnis noch anderer Gottheiten neben ihnen in der altargivischen Religion anzunehmen.

Was nun die Formen des Cultes anbetrifft, so sind wir schon im Laufe unserer Untersuchungen wiederholt darauf aufmerksam geworden, dass den Acten des Mythus entsprechende Feste einst mit mimisch-dramatischen Gebräuchen begangen sein müssen, welche, was der Mythus berichtete, möglichst getreu für das Auge darzustellen suchten. Während aber von den alten mimischdramatischen Festgebräuchen des Achäischen Stammes noch bis tief in die historische Zeit hinein an einigen Orten nicht unbedeutende Reste sich erhalten hatten, können wir ein Gleiches hier nicht erwarten. Denn jener hatte doch auch nach der Katastrophe, welche seine Macht in Thessalien und im Peloponnes stürzte, Kraft genug behalten, um theils im Mutterlande, theils in Asien neue Staaten zu gründen und in ihnen ein wenn auch verkümmertes Dasein zu fristen; ausserdem aber gab die hervorragende Stellung des Gottes Zeus im polytheistischen System, die das ehemalige Uebergewicht des Stammes ihm verschafft und die Homerische Poesie zu allgemeiner Anerkennung gebracht hatte, den alten Festgebräuchen auch da einen nachhaltigen Stützpunct, wo auch nur geringe Fragmente Achäischen Volks unter fremden Stämmen lebten. Dagegen ist von dem Argivisch-Kadmeischen Stamme kaum mehr übrig geblieben

---

alle übrigen Gottheiten sind mehr oder weniger blosse Personificationen jüngern Ursprungs, von einseitigem Wesen, das ohne Mühe aus ihren mit gewöhnlichen Appellativen zusammenfallenden Namen erkannt wird.

als die blossen Namen, und wenn auch seine Gottheiten Hermes und Demeter soweit sich behaupteten, dass sie dem polytheistischen System eingereiht wurden, so mussten sie sich doch gefallen lassen, gänzlich auseinander gerissen zu werden und mit sehr verändertem Wesen eine untergeordnete Stellung in demselben einzunehmen. Was sich unter diesen Umständen von jenen mimisch-dramatischen Festgebräuchen erhalten hat, ist so unbedeutend und fragmentarisch, dass wir nur mit Hülfe der Mythen uns ein ungefähres Bild von den altargivischen Festgebräuchen zu entwerfen vermögen.

Offenbar wurden drei grosse Feste gefeiert, ein Fest des $\vartheta \acute{\epsilon} \varrho o \varsigma$, ein Herbstfest und ein Frühlingsfest.

Von einer ehemaligen Feier des Festes des $\vartheta \acute{\epsilon} \varrho o \varsigma$ legt zwar der Mythus vom Argeiphontes deutliches Zeugnis ab, doch mag die spätere (Dorische) Bevölkerung dasselbe wohl bald aufgegeben haben. Eine Spur einer später noch erhaltenen Einzelheit lässt sich aber noch in der Apollodorischen Relation des Mythus finden. Es heisst dort: Οὗτος (Ἄργος) ἐκ τῆς ἐλαίας ἐδέσμευεν αὐτὴν (Ἰώ), ἥ τις ἐν τῷ Μυκηναίων ὑπῆρχεν ἄλσει. Man kann wohl nicht umhin, in dieser Angabe einen prototypischen Zug zu erkennen [1]), und es scheint demnach, als ob man ehemals, sobald die Zeit des heiligen Festes herannahte, eine Kuh, welche die Io darstellte, in dem Tempelhain an einen Oelbaum festband, wie um die ihr drohende Entführung zu verhindern. Ein Stier, das Symbol ihres Gemahls, des Ἄργος πανόπτης, weidete in ihrer Nähe, sie gleichsam bewachend. Doch

---

[1]) Symbolische Bedeutung kann nämlich das Festbinden nicht haben, da diese Handlung den Argos als chthonisches Wesen charakterisiren würde (oben S. 51), was er nicht ist. Ausserdem deutet die Verknüpfung der Handlung mit einer bestimmten Localität auf ein zu Grunde liegendes reales Moment.

der Priester, welcher die Rolle des Unterweltgottes zu spielen hatte, wusste ihn zu beschleichen und durch einen wohlgezielten Streich zu tödten, worauf er dann die Kuh von ihren Banden löste und entführte.

Das Herbstfest, bei welchem die ihr Kind suchende und pflegende Göttin den Mittelpunct der Feier bildete, hat offenbar den Eleusinischen Mysterien ihren ersten Ursprung gegeben; wenigstens knüpft der Homerische Hymnus an die Ankunft der suchenden Göttin und an die Pflege des Kindes in ganz unzweideutiger Weise die Gründung des Eleusinischen Demetercultes und der heiligen Weihen [1]). — Was aber hier altargivischen Ursprungs, was durch den Zutritt der Kaukonischen Persephone und durch spätern Einfluss des Dionysosdienstes neu hinzugekommen ist, lässt sich nicht mehr ausmachen, zumal die Angaben über die einzelnen Gebräuche der Eleusinischen Mysterien aus dem Alterthum nur spärlich und dunkel sind [2]). Nur soviel ist wahrscheinlich, dass in der Zeit, in welcher der Homerische Hymnus gedichtet wurde, die Ankunft der Göttin am Jungfernbrunnen, die feierliche Geleitung derselben in das Haus des Keleos und die Pflege des Knaben Demophon in dramatischer Darstellung die Hauptpuncte der Fest-

---

[1]) Weist der Name Ἐλευσίς auf die Ankunft der Demeter? — Das Datum des Festes, welches um die Mitte des Boedromion begann, stimmt nicht zu dem Raube der Persephone, welcher seiner Idee gemäss und nach ausdrücklicher Angabe der Alten in die Zeit der Ernte der Feldfrüchte zu setzen ist, vgl. Preller Dem. u. Pers. S. 122.

[2]) Herm. G. A. §. 55, 28. Der dramatische Character dieser Festgebräuche geht aber dennoch klar daraus hervor, vgl. Clem. Alex. Protr. p. 9: Δηοῖ δὲ καὶ Κόρη δρᾶμα ἤδη ἐγενέσθην μυστικόν, καὶ τὴν πλάνην καὶ τὴν ἁρπαγὴν καὶ τὸ πένθος αὐταῖν Ἐλευσὶς δᾳδουχεῖ.

feier bildeten, und dass den Angaben des Mythus entsprechend nur Frauen dabei thätig waren.

Von dem Frühlingsfeste scheint ein freilich sehr unbedeutender Rest in Samothrake noch lange sich erhalten zu haben. Ephoros berichtet nämlich, dass man noch zu seiner Zeit in den Samothrakischen Mysterien die Harmonia suche[1]). Diese Notiz hat für uns auch noch in so fern Interesse, als sie uns bestätigt, dass Harmonia nur als Stellvertreterin der Demeter-Europa gelten kann; denn in dem Kadmeischen Mythus wird diese, nicht Harmonia gesucht.

Uebrigens ergibt sich aus der mythischen Tradition deutlich genug, dass das Frühlingsfest als das eigentliche Hauptfest der altargivischen Gottheiten zu betrachten ist, an welchem der ganze Stamm sich betheiligte. Der Kampf mit dem Drachen, das Umpflügen des Ackers mit dem heiligen Pflug und das Einstreuen der Saat in die Furchen, die blutigen Kämpfe gebarnischter Männer als Leichenfeier des getödteten Drachen und endlich die auf der Burg gefeierte Vermählung des Gottes mit der nach langem Suchen glücklich gefundenen Braut — das sind Scenen, welche auch aus der sehr getrübten Ueberlieferung mit so lebhaften Farben uns entgegentreten, dass wir die tiefe gemüthliche Betheiligung der versammelten Stammesgenossen an denselben noch einigermassen nachzuempfinden vermögen. Als Hauptfest kennzeichnet sich dieses Fest auch noch dadurch, dass es ein ennaeterisches war; hierauf deutet nämlich die Angabe von der ennaeterischen Dauer der Dienstbarkeit des Kadmos, die dem ennaeterischen Exil im Zeusdienste entspricht,

---

[2]) Schol. Eur. Phoen. 7. Auf welchem Wege Harmonia und Kadmos von Böotien nach Samothrake gelangt sind, ist gezeigt L S. 295.

aus welchem wir seiner Zeit ebenfalls auf eine ennaeterische Festperiode geschlossen haben ¹).

§. 11.

Der Mythus vom Rinderraube.

Jetzt erst, nachdem wir die Grundzüge der altargivischen Religion, so weit die zwar trümmerhafte, aber doch unzweifelhaft alte und zuverlässige Ueberlieferung ²) gestattete, festgestellt haben, ist es an der Zeit, den Mythus von dem Rinderdiebstahle des Hermes in Betracht zu ziehen und zu prüfen, in wie weit die Ansicht berechtigt sei, dass sich gerade in diesem Mythus das ursprüngliche Wesen des Hermes am deutlichsten kundgebe, so dass in demselben so zu sagen ein Stück der Indogermanischen Urreligion enthalten sei.

Der Mythus liegt in mehreren Quellen vor, am ausführlichsten in dem Homerischen Hymnus auf Hermes. Diesen indessen unserer Untersuchung zum Grunde zu legen verbietet theils die epische Breite der Erzählung, theils die Beschaffenheit des Textes, der an zahlreichen Verderbnissen leidet. Daher halten wir uns auch hier zunächst an Apollodor's Bericht.

Μαῖα μὲν οὖν ἡ πρεσβυτάτη [Ἄτλαντος θυγάτηρ] Διὶ συνελθοῦσα ἐν ἄντρῳ τῆς Κυλλήνης Ἑρμῆν τίκτει. οὗτος ἐν πρώτοις [σπαργάνοις] ἐπὶ τοῦ λίκνου κείμενος ἐκδὺς εἰς Πιερίαν παραγίνεται καὶ κλέπτει βόας ἃς ἔνεμεν Ἀπόλλων. ἵνα δὲ μὴ φωραθείη ὑπὸ τῶν ἰχνῶν,

---

¹) S. oben S. 108.
²) Der Beweis für das Alter und die Zuverlässigkeit liegt unter Anderem auch in der Versetzung der bezüglichen Mythen mit solchen historischen Elementen, welche grösstentheils der Periode vor der Thessalisch-Böotischen Wanderung entstammen. Vgl. §. 12.

ὑποδήματα τοῖς ποσὶν περιέθηκε ¹) καὶ κομίσας εἰς Πύλον τὰς μὲν λοιπὰς εἰς σπήλαιον ἀπέκρυψε, δύο δὲ καταθύσας τὰς μὲν βύρσας πέτραις καθήλωσε, τῶν δὲ κρεῶν τὰ μὲν κατηνάλωσεν ἑψήσας ²), τὰ δὲ κατέκαυσε. καὶ ταχέως εἰς Κυλλήνην ᾤχετο. καὶ εὑρίσκει πρὸ τοῦ ἄντρου νεμομένην χελώνην. ταύτην ἐκκαθάρας εἰς τὸ κύτος χορδὰς ἐκτείνας ἐξ ὧν ἔθυσε βοῶν καὶ ἐργασάμενος λύραν εὗρε καὶ πλῆκτρον ³). Ἀπόλλων δὲ τὰς βόας ζητῶν εἰς Πύλον ἀφικνεῖται καὶ τοὺς κατοικοῦντας ἀνέκρινεν ⁴). οἱ δὲ ἰδεῖν μὲν παῖδα ἐλαύνοντα ἔφασκον· οὐκ ἔχειν δὲ εἰπεῖν ποῖ ποτε ἠλάθησαν διὰ τὸ μὴ εὑρεῖν ἴχνος δύνασθαι. μαθὼν δὲ ἐκ τῆς μαντικῆς τὸν κεκλοφότα πρὸς Μαῖαν εἰς Κυλλήνην παραγίνεται. καὶ τὸν Ἑρμῆν ᾐτιᾶτο, ἡ δὲ ἐπέδειξεν αὐτὸν ἐν τοῖς σπαργάνοις. Ἀπόλλων δὲ αὐτὸν πρὸς Δία κομίσας τὰς βόας ἀπῄτει. Διὸς δὲ κελεύοντος ἀποδοῦναι ἠρνεῖτο. μὴ πείθων δὲ ἄγει τὸν Ἀπόλλωνα εἰς Πύλον καὶ τὰς βόας ἀποδίδωσιν. ἀκούσας δὲ τῆς λύρας ὁ Ἀπόλλων ἀντιδίδωσι τὰς βόας. Ἑρμῆς δὲ ταύτας νέμων σύριγγα πάλιν πηξάμενος ἐσύριζεν. Ἀπόλλων δὲ καὶ ταύτην βουλόμενος λαβεῖν τὴν χρυσῆν ῥάβδον ἐδίδου, ἣν ἐκέκτητο βουκολῶν. ὁ δὲ καὶ ταύτην λαβεῖν ἀντὶ τῆς σύριγγος ἤθελε καὶ τὴν μαντικὴν ἐπελθεῖν· καὶ δοὺς διδάσκεται τὴν διὰ τῶν ψήφων μαντικήν. Ζεὺς δὲ αὐτὸν κήρυκα ἑαυτοῦ καὶ θεῶν ὑποχθονίων τίθησι ⁵).

1) Genauer der Hymnus v. 74 ff.: δοίης δ' οὐ λήθειτο τέχνης· ἀντία ποιήσας ὁπλὰς τὰς πρόσθεν ὄπισθεν, τὰς δ' ὄπισθεν πρόσθεν, κατὰ δ' ἔμπαλιν αὐτὸς ἔβαινεν. Sich selbst bindet er Sandalen aus Zweigen unter die Füsse.

2) Im Hymnus enthält sich Hermes des Essens.

3) Nach dem Hymnus trifft Hermes gleich beim Austritt aus der Höhle die Schildkröte und verfertigt die Lyra.

4) Im Hymnus ist es ein Greis zu Onchestus, welchen Apollo befragt.

5) Apollod. III, 10, 2.

Die sachlichen Abweichungen, welche der Hymnus
bietet, sind in den Anmerkungen aufgeführt. Man sieht,
dass sie unbedeutend sind und sich nur auf Nebendinge
beziehen [1]). Dagegen tritt in der ausführlichern Darstellung des Hymnus das Humoristische und zuweilen derb
Komische [2]) der ganzen Erzählung ungleich mehr zu
Tage, obwohl auch der sehr ins Kurze gezogene Bericht
Apollodor's diesen Character des Mythus nicht ganz verwischen kann; denn solche Thaten von einem eben ge-
bornen, noch in den Windeln liegenden Kinde vollführt
zu denken vermag man doch nicht, ohne sich unwider-
stehlich zum Lachen gereizt zu fühlen. Wie stimmt das
zu dem tiefen Ernste, welcher nicht nur in den übrigen
Mythen des altargivischen Stammes, sondern überhaupt
in allen wirklich alten Mythen herrscht? Man könnte
sich freilich darauf berufen, dass auch Homer sich nicht
scheut, zuweilen, z. B. in der Erzählung von der Fes-
selung des Ares und der Aphrodite, Scherzhaftes von
den Göttern zu berichten; allein Niemand, der tiefer
einzudringen vermag, wird verkennen, dass der Dichter
in solchen Fällen nicht alter Ueberlieferung folgt, sondern der freien Erfindung sich überlässt. So sehen wir
uns denn schon durch den blossen Eindruck der ganzen
Erzählung veranlasst, in das Urtheil einzustimmen, dass

---

[1]) Einige Mythologen haben freilich besonderes Gewicht auf
den von Apollodor nicht berichteten Umstand legen wollen, dass
Hermes den Thieren die Vorder- und Hinterklauen versetzt und
selbst rücklings geht. Aehnliche Züge kommen aber in den verschiedenartigsten Sagen vieler Völker vor. Ausser den von Welcker Götterl. I. S. 340 angeführten Beispielen vgl. noch Scham-
bach u. W. Müller Niedersächs. Sagen Nr. 67. 68. 69.

[2]) Fast einem Zuge einer Aristophanischen Komödie gleicht
es, wenn der Knabe durch einen crepitus ventris den Apollo veranlasst ihn loszulassen v. 293 ff.

„die ganze Sage eine dichterische Erfindung des Verfassers des Homerischen Hymnus sei, ausgesponnen, um die schlaue Gewandheit des Gottes ins Licht zu stellen" [1]).

Diese Behauptung, wiewohl bei unbefangener Prüfung an sich schon einleuchtend, bedarf denen gegenüber, welche hier uralte Ueberlieferung vor sich zu haben glauben, einer genaueren Begründung.

1. Wenn wir uns den Ideenkreis der altargivischen Religion vergegenwärtigen, so ergibt sich auf den ersten Blick, dass derselbe keine Anklänge, ja durchaus keinen Raum für den Mythus vom Rinderraube bietet. Denn jener füllt den Kreislauf des Jahrs vollständig aus und lässt nirgend eine Lücke, in welche der Rinderdiebstahl, der doch, wenn er überhaupt einen Sinn haben *soll*, ebenfalls auf physische Phänomene des Jahreslaufs bezogen werden muss [2]), sich einfügen liesse.

2. Bei näherer Betrachtung stellt derselbe sich sogar in handgreiflichen Widerspruch zu den Anschauungen der altargivischen Religion. Diese kennt nämlich zwar auch den Hermes als βοϊκλεψ, aber derselbe stiehlt nicht eine Heerde, sondern die symbolisch als Kuh gedachte Göttin. Diese entführt er ihrem Gemahl, um sie selbst zu besitzen, und zugleich tödtet er den bewachenden Stiergott — Functionen, bei denen er nur als der starke, mächtige Unterwaltsgott, nicht als ein neugeborenes Kind gedacht werden kann. Ferner gilt zwar auch der altargivische Gott in der unfruchtbaren Jahrszeit als ein eben geborener Knabe, welcher noch der Pflege seiner Mutter bedarf, allein er ist dann der zur Zeit

---

[1] Jac. Mythol. Wörterb. S. 436. Es ist beachtenswerth dass ein Gelehrter, der sonst gar nicht auf Kritik und Deutung der Mythen ausgeht, ein solches Urtheil fällt.

[2] In der That haben Einige die Rinder auf die nach der Sonnenwende abnehmenden Tage u. dgl. deuten wollen.

schwache und hülflose olympische Gott, der seiner Erstarkung zu einem kräftigen Jüngling entgegenharrt, um sich aus den Banden der Unterwelt durch einen Kampf mit seinem chthonischen Gegenbilde zu befreien. Statt dessen den Gott in der Kindesgestalt als einen chthonischen Räuber hinzustellen, ist geradezu eine Absurdität.

3. Der Mythus von Cacus, der dem Hercules am Tiberstrom einige seiner Rinder raubt, wird von A. Kuhn [1]) und Andern als urverwandt mit dem unsrigen angesehen. Aeussere Aehnlichkeiten sind allerdings vorhanden: auch Cacus bewohnt eine Höhle und treibt die geraubten Thiere rückwärts. Allein wenn wir genauer zusehen, liefert gerade dieser Italische Mythus einen schlagenden Beweis für die Unechtheit des unsrigen. Denn Cacus ist ein starker, riesenhafter Mann, der den Eingang zu seiner Höhle mit einem mächtigen Felsblock verschliesst und von Hercules erst nach kräftiger Gegenwehr mit der Keule erschlagen wird. In dieser Zeichnung erkennen wir leicht ein chthonisches Götterwesen, welchem Hercules, hinter dessen Namen sich hier der altsabinische Gott Semo Sancus verbirgt, die symbolisch als Rinderheerde bezeichnete Fruchtbarkeit des Jahres in heftigem Kampfe abringt [2]). Darin ist ein klarer Sinn und Zusammenhang, der dem Griechischen Mythus abgeht.

4. Eine Entführung einer Rinderheerde kommt auch noch in den Griechischen Mythen von Geryones und Melampus vor, die aber gleichfalls bei genauerer Analyse die Sinnlosigkeit des unsrigen darthun. Geryones, ein dreileibiges Ungethüm, haust auf der Insel Erytheia, die jenseit des Okeanos liegt. Ein zweiköpfiger Hund,

---

[1]) S. oben S. 222.
[2]) Vgl. Schwegler Röm. Gesch. I. S. 372.

Sohn des Typhon und der Echidna, bewacht seine Rinder. Auf derselben Insel weidet der Hirt Menoitios die Rinder des Hades. Deutlicher kann es in symbolischer Darstellung nicht ausgesprochen werden, dass der Besitzer der Heerde ein chthonisches Wesen, sein Wohnsitz die Unterwelt ist¹). Eben so haben wir seiner Zeit ausführlich nachgewiesen, dass Phylakos, der Besitzer der Heerde in Phylake, welcher den Melampus ein Jahr hindurch gefesselt hält, der Beherrscher der Unterwelt ist, dem der Frühlingsgott, im Begriff sich zu vermählen (d. h. den $\iota\varepsilon\varrho\grave{o}\varsigma\ \gamma\acute{\alpha}\mu o\varsigma$ zu vollziehen), die Heerde entführt, um sie als Brautgeschenk dem Vater seiner Braut darzubringen²). In beiden Mythen ist also der Inhaber der Heerde ein chthonisches Wesen, der Entführende ein Frühlingsgott. Wie verhalten sich aber Apollo und Hermes zu einander? Abgesehen davon, dass dieselben als Götter verschiedener Stämme in einem echten alten Stammesmythus von Haus aus gar nicht neben einander stehen können, gerathen wir offenbar in die grösste Verlegenheit, ob wir dem Apollo oder dem Hermes die Rolle des Unterweltsgottes zuweisen sollen. Scheint Apollo auf der einen Seite durch sein sonst bekanntes Wesen berechtigt für den Frühlingsgott zu gelten, so stellt er sich doch auf der andern Seite als Inhaber der Heerde und als der Beraubte in Analogie zu Geryones und Phylakos, den unzweifelhaft chthonischen Wesen. Könnte Hermes einerseits, da er seinen Wohnsitz in einer Höhle hat und die Rinder auch in einer solchen verbirgt, insofern die Höhle vielfach als symbolische Bezeichnung der Unterwelt vorkommt, als Unterweltsgott genommen werden, so passt dazu doch andererseits

---

¹) Ares S. 98 ff.
²) S. I. S. 161 ff.

weder seine Kindesgestalt, noch die Thatsache, dass er im Besitz der entführten Heerde bleibt, während nicht nur in den verglichenen Griechischen Mythen, sondern auch in dem Italischen von Cacus das chthonische Wesen gezwungen wird, diesen Besitz dem Frühlingsgotte zu überlassen.

Man könnte noch manche andere Gründe gegen die Echtheit der Sage vom Rinderdiebstahl geltend machen, z. B. wie unpassend es sein würde, neben die ursprünglich selbst unter der symbolischen Gestalt von Stier und Kuh gedachten Gottheiten eine Rinderheerde zu stellen, wie ferner in der ganzen Erzählung auch nicht die leiseste Hindeutung auf die ehemals so viel bedeutendere und erhabenere Stellung des Gottes sich findet, sondern fast Alles nur darauf abzielt die niedrigen Eigenschaften der diebischen List und Schlauheit, durch welche der Gott im polytheistischen System besonders ausgezeichnet ist, recht grell hervortreten zu lassen u. s. w. Allein wir lassen das bei Seite und werfen nur noch die Frage auf, aus welchen Fäden der Verfasser des Hymnus seine Erzählung zusammengewebt haben mag. Als gegeben durch ältere Ueberlieferung sehen wir an die Geburt des Hermes auf dem Berge Kyllene in Arkadien; wenigstens heisst er schon in einer Stelle der Odyssee $K\varrho\lambda\lambda\acute{\eta}\nu\iota o\varsigma$ [1]). Eben so kennt schon Homer den Hermes als Gott der Heerden: der heerdenreiche Phorbas ist sein Liebling und von ihm mit Habe gesegnet [2]); mit Polymele erzeugt er einen Sohn Polydoros [3]). Beide Thatsachen sind, wie wir weiter unten sehen werden, aus einer Uebersiedelung Argivischer Stammestrümmer nach Arkadien zu erklären.

---

[1]) Hom. Od. XXIV, 1.
[2]) Hom. Il. XIV, 490.
[3]) Hom. Il. XVI, 180 ff.

Endlich ist Diebstahl und listige Verschlagenheit, die
selbst falschen Schwur nicht scheut, schon dem Homer
und Hesiod als hervorstechender Characterzug des Gottes
bekannt ¹). Alle diese Momente bestrebt sich der Verfasser des Hymnus möglichst zur Geltung zu bringen
und zu verbinden in einer Erzählung, zu welcher das
dem Gotte wegen der Entführung der kuhgestaltigen Io
vielleicht schon anhaftende Epitheton βούκλεψ' ²) den
ersten Austoss geben mochte, deren einzelne Züge aber
aus verschiedenen Mythen zusammengetragen sind. Namentlich scheint ihm der Mythus von Melampus zum
Vorbilde gedient zu haben. Darauf deutet der Umstand,
dass Hermes die geraubte Heerde in eine Höhle zu Pylos versteckt. Die Erzählung gibt nämlich durchaus
kein Motiv dafür an, weshalb er gerade dahin die Heerde
treibt; von einem Culte des Gottes zu Pylos, der die
Veranlassung dazu gegeben haben könnte, ist auch nichts
bekannt. Dagegen zeigte man noch zu Pausanias Zeiten
zu Pylos in Messenien eine Höhle, welche den von Melampus entführten Rindern als Behausung gedient haben
sollte ³). Folglich ist der Schluss gerechtfertigt, dass
nur die Bekanntschaft mit dieser Ueberlieferung den Verfasser des Hymnus zu jener Wendung veranlasst haben
kann. Damit wird zugleich klar, weshalb die Heerde
aus Thessalien weggetrieben wird, denn Phylake in Thessalien galt als Heimat des Phylakos und seiner Heerde ⁴);
und da es nun nicht wohl anging, die Entführung eben
dieser Heerde von dem Melampus auf Hermes zu übertragen, so bot der bekannte Mythus, dass Apollo die

---

¹) Hom. Od. XIX, 396 f. Hes. Opp. 67 f.
²) Soph. bei Athen. IX. 419 c.
³) Paus. IV, 36, 1.
⁴) Hom. Il. II, 695. 705. vgl. I. S. 181.

Heerde des Admetos in Pherä geweidet haben sollte [1], das leicht zu findende Auskunftsmittel, diesen als Hirten und Wächter der Thiere herbeizuziehen. War nun die Erfindung so weit gediehen, so gab die Tendenz des Verfassers leicht an die Hand, den jetzt unvermeidlichen Kampf der beiden Götter so zu wenden, dass der neugeborene Hermes von dem ältern Gotte mit den ihm noch fehlenden Ehren ausgestattet wird: für die Gegengabe der Lyra (deren Erfindung hier seltsam genug dem Hermes zugeschrieben wird, obwohl zu Tage liegt, dass sie ein dem Gotte des Gesanges von Haus aus zukommendes Attribut ist) erhält er die Heerde und den Stab und ist damit als Hirtengott installirt. Statt der erbetenen Seherkunst fallen ihm freilich nur die Θριαί (nach Apollodor ἡ διὰ τῶν ψήφων μαντική) zu.

Nach diesem allen bestätigt sich, was wir schon oben (S. 226) erkannt haben, dass es völlig unzulässig ist, diesen angeblichen Mythus mit dem altindischen von dem Rinderraube der Panis und der Zurückführung der Thiere durch Indra zusammenzustellen, und dass man überhaupt durch äusserliche Aehnlichkeiten sich nicht verleiten lassen darf, Griechisches und Indisches zu parallelisiren, ehe man nicht vor allen Dingen das Alter und die Bedeutung der Griechischen Mythen für sich mit kritischem Auge geprüft hat.

§. 12.

Geschichte des altargivischen Stammes.

Unsere gesammten Untersuchungen über Hermes und Demeter sind von der Voraussetzung ausgegangen, dass

---

[1] Hom. Il. II, 763 ff. Eur. Alc. 8. Apollod. I, 9, 15. Nach Anton. Lib. 23 weiden die Rinder auch gerade da, wo die Heerden des Admetos sich befanden.

der Cult dieser Gottheiten auf der breiten Basis eines in sich geschlossenen Stammeslebens erwachsen sei und seine Verbreitung über verschiedene Landschaften Griechenlands den Wanderungen und Niederlassungen eben dieses Stammes zu verdanken habe. Diese Voraussetzung hat sich als richtig erwiesen durch den innigen Zusammenhang der in den bezüglichen Mythen enthaltenen religiösen Anschauungen, die sich dermassen an einander fügten und gegenseitig ergänzten, dass ein vollständiges und in sich abgeschlossenes Religionssystem wenigstens in seinen Grundzügen zum Vorschein kam. Auf diesem festen Untergrund weiter bauend machen wir den Versuch, aus dem gewissermassen monumentalen Nachlass des Stammes, dessen Entzifferung und Interpretation uns bisher beschäftigt hat, die Grundzüge der Geschichte dieses Stammes zu gewinnen.

Was zunächst den Namen und die Nationalität betrifft, so hat schon der bisherige Verlauf unserer Untersuchungen darüber hinlängliche Klarheit gegeben. Der Stamm, welcher vor Alters den Argos-Hermes und dessen Gemahlin Demeter als seine Stammesgottheiten verehrte, führte den aus dem Namen des männlichen Gottes gebildeten gemeinschaftlichen Namen Ἀργεῖοι, der nur bei dem in Böotien angesiedelten Bruchtheile des Stammes vor dem Sondernamen Καδμεῖοι zurücktrat. Dass dieser Stamm aber ein echthellenischer gewesen ist, hat die in §. 10 entwickelte nahe Verwandtschaft seiner religiösen Anschauungen mit denen des Achäischen Stammes ergeben; nahe Berührungen mit den Religionsformen der Dorer (Drachenkampf des Apollo), Aeoler (ἱερὸς γάμος der Hera), Böoter (Stier- und Phallussymbol des Dionysos) und Kaukonen (Raub der Persephone) verleihen dieser Thatsache noch eine weitere Stütze.

Waren nun aber die Ἀργεῖοι unzweifelhaft Hellenen, so lässt sich der Ausgangspunct und die Richtung ihrer Wanderungen schon durch die Analogie bestimmen. Denn wer, unbeirrt durch die in neuester Zeit aufgestellte Hypothese von einer über das Meer her stattgefundenen Zuwanderung sogenannter Ostgriechen, die Ueberlieferungen des höhern Griechischen Alterthums unbefangen prüft, wird nicht verkennen, dass, soweit überall eine Kunde davon auf uns gekommen ist, die Wanderung aller Hellenischen Stämme in der Richtung von Norden nach Süden oder specieller von Thessalien und Epirus nach Mittelgriechenland und dem Peloponnes und demnächst auf die Inseln und entlogenern Küsten vor sich geht. Somit werden wir auch den Ursitz des alturgivischen Stammes auf Griechischem Boden nirgend anders als in Thessalien suchen wollen und werden in dieser Annahme bestärkt durch den Umstand, dass die Ueberlieferung gerade der am südlichsten wohnenden Stammesverwandten die deutliche Spur eines Zusammenhangs mit dem in Thessalien sesshaft gebliebenen Reste des Stammes verräth. Denn der Zuname Ἴασον, der das Peloponnesische Argos bezeichnet, findet seine Erklärung einzig und allein in dem Heroennamen Ἰάσων, den der Hermesheros in Thessalien und in der von dort ausgegangenen Kretischen Colonie führt.

Fassen wir nun den Thessalischen Ursitz des Stammes und die daran sich knüpfenden Ueberlieferungen näher ins Auge, so lässt sich nicht nur das Territorium, welches derselbe inne gehabt hat, sondern auch die Zeit, während welcher er hier ein selbstständiges und unabhängiges Dasein führte, mit hinlänglicher Genauigkeit bestimmen. Mit völliger Evidenz stellt sich zunächst heraus, dass die alte Hafenstadt Jolkos einst in seinem Besitze war; denn diese Stadt galt bis auf die spätesten

Zeiten herab als der Ausgangspunct der abenteuerlichen
Fahrt, die den Namen des altargivischen Hermesheros
Jason schon in den Zeiten der Homerischen Dichtung
so berühmt gemacht hatte. Allein der territoriale Besitz
des Stammes zur Zeit seiner höchsten Blüte in Thessalien reichte weiter. Dafür spricht zunächst der Name
des s. g. Pelasgischen d. h. Thessalischen Argos, der,
so schwankend und unbestimmt sein Gebrauch auch sein
mag, doch jedenfalls über Jolkos und seine nächste Um-
gebung hinausreicht. Wahrscheinlich bezeichnet er, wie
G. F. Unger in seiner schon früher citirten Abhandlung
zu zeigen versucht hat, die Dotische Ebene, jene fruchtbare Thalniederung zwischen dem Böbeischen See und
dem Flusse Peneios. Diese war einerseits zum Sitze eines Ackerbau treibenden Stammes ganz besonders geeignet, andererseits weist auch eine alte Sage, dass Hermes
am Böbeischen See mit Brimo gebuhlt haben soll [1], auf
einen ehemaligen Cult des altargivischen Gottes in dieser
Gegend deutlich hin. Setzen wir also, dass der Stamm
hier den eigentlichen Mittelpunct seiner Macht hatte,
aber allmählich, durch wachsende Volkszahl oder Vordringen anderer Stämme genöthigt, weiter nach Süden
sich ausdehnte, wo, von Jolkos abgesehen, die Stadt
Pyrasos (Waizenstadt) mit ihrem alten Demeterheiligt-
hum [2] wohl den Anspruch erheben darf als eine Gründung des altargivischen Stammes zu gelten, so möchte

---

[1] Propert. II, 2, 11. Brimo d. h. die Zürnende ($\beta\rho\iota\mu\omega$)
wird von Einigen für einen Beinamen der Persephone oder Hekate ausgegeben, ist jedoch auch als Epitheton der Demeter
bezeugt (Arnob. adv. gent. V. p. 170). Nur das Letztere kann
als richtig gelten, da in Thessalien von einer Verehrung der
Persephone oder einer ehemaligen Sesshaftigkeit der Kaukonen
nichts bekannt ist.

[2] Hom. Il. II, 695 f. Strab. IX. p. 435.

sich daraus wohl erklären, dass der ursprünglich von dem Stamm nur der Dotischen Ebene beigelegte Name Ἄργος nach und nach jene weitere und unbestimmtere Bedeutung erhielt, die schon bei Homer sich bemerklich macht.

In diesen Sitzen nun kamen die Altargiver mit zwei schon vorhandenen Stämmen in Berührung, den Pierischen Thrakern und den Minyern. Was jene anbetrifft, so ist allerdings ihre ehemalige Sesshaftigkeit in Thessalien nur aus wenigen Spuren erkennbar; wohin namentlich gehört, dass die Thrakischen Aresheroen, die Aloaden, als Gründer von Ἀλωίον in der Nähe von Tempe gelten [1]), und der Gott der Thraker, Ares, folglich auch der Stamm selbst bei Homer mit den Bewohnern von Ephyra oder Krannon, einer an der Grenze der Dotischen Ebene gelegenen Stadt im Kampfe erscheint [2]); allein die Art und Weise, wie der Gott Ares in die altargivischen Stammesmythen eintritt, macht es unzweifelhaft, dass bereits in Thessalien eine Berührung und theilweise Verschmelzung des altargivischen Stammes mit Thrakischen Aresverehrern stattgefunden haben muss. Denn wir haben gesehen, dass sowohl in dem Jasonischen als in dem Kadmeischen Mythus, trotzdem beide im Laufe der Zeit sonst sehr bedeutende Veränderungen erlitten haben, der Gott Ares an derselben Stelle und in demselben Sinne eingefügt erscheint. Im Kadmeischen Mythus ist er nämlich der Vater des an der Ἀρεία κρήνη hausenden Drachen, im Jasonischen Mythus bildet der Hain des Ares den Aufenthaltsort des Drachen, der das Vliess bewacht; in beiden Mythen ist er also, wie früher schon gezeigt wurde [3]), als Unterweltsgott aufgefasst,

---

[1]) Steph. Byz. s. v. Ἀλωίον.
[2]) Hom. Il. XIII, 298 ff. vgl. Müller Orch. S. 192 ff.
[3]) Vgl. oben S. 325. 342 f.

was nur zu einer Zeit geschehen konnte, wo diese seine
ursprüngliche Geltung vor der spätern als Kriegsgott
noch nicht zurückgetreten war, oder mit andern Worten,
nur zu der Zeit, wo die Verbindung des Gottes mit dem
Stamme, dem er angehörte, noch nicht sich gelöst hatte.

Angesichts der eben dargelegten Einwirkung der alt-
thrakischen Aresreligion auf den Jasonischen und Kadmeischen Mythus muss es auffallen, dass in dem Argolischen und Eleusinischen Mythus keine Spur eines ähnlichen Einflusses sich zeigt. Mag nun auch einem argu-
mentum ex silentio die zwingende Kraft abgehen, so
liegt doch die Vermuthung nahe, dass der Theil des
Stammes, welcher sich in Argolis und Eleusis niederliess,
in gar keine oder wenigstens nicht so nahe Berührung
mit den Thrakern gekommen sei. Damit wäre denn eine
schon in Thessalien vor sich gegangene Sonderung in
zwei Hälften gesetzt, die wir nach ihren spätern Wohnsitzen als Nordargiver und Südargiver bezeichnen können — eine Bezeichnung, die wahrscheinlich auch schon
für die Zeit der Sesshaftigkeit in Thessalien passt. Denn
es ist doch natürlich, dass der Stoss, welcher zur Auf-
gebung der alten Wohnsitze zwang, den am weitesten
nach Süden sitzenden Theil zuerst über die Grenzen der
Landschaft hinaus trieb und bei allmählichem Nachdrän-
gen der Stammesverwandten (der Kadmeer) bis Argolis
vorzurücken zwang. Jede der beiden Hälften sondert
sich dann später wieder in zwei Zweige, die Nordargiver in den Jasonisch-Jolkischen und den Kadmeischen,
die Südargiver in den Argolischen und den Eleusinischen.

Doch ehe wir die Wanderungen und Schicksale dieser einzelnen Stammeszweige weiter verfolgen, haben wir
uns nach dem andern Stamme, welchen die Altargiver
in Thessalien vorfanden, den Minyern, umzusehen. Der
Hauptsitz dieser war die Seestadt Jolkos, und mögen

sie auch zu irgend einer Zeit einmal noch andere Landstriche Thessaliens inne gehabt haben, was wir dahin gestellt sein lassen, so ist doch erst hier ihr Zusammenstoss mit den Argivern erfolgt. Darüber lässt der Jasonische Mythus keinen Zweifel, welcher in einer für Mythenkundige durchaus nicht miszuverstehenden Weise ausspricht, dass der altargivische Stamm oder vielmehr ein Bruchtheil desselben (Jason) den Minyeischen (Pelias) in der Herrschaft über diese Stadt abgelöst und weiterhin dann in Gemeinschaft mit ihm Colonieen auf Lemnos und Kreta gegründet habe [1]).

Auf diesem Puncte angelangt vermögen wir auch die Zeit zu bestimmen, in welche die Herrschaft der Altargiver in Thessalien zu setzen ist — natürlich nicht nach Jahrszahlen, sondern nach der Reihenfolge der einander hier ablösenden und verdrängenden Stämme. In Jolkos folgen nämlich, wie früher gezeigt ist, auf die Altargiver die Aeoler. Woher diese kamen, wird zwar nicht gesagt. Allein da der Aeolische Stamm bei dem Einrücken der Achäer auch im Besitze von Phthia sich zeigt [2]), so darf angenommen werden, dass er — eben so wie die Achäer zunächst in Phthia sich niederlassen und von da aus erst Jolkos gewinnen [3]) — erst von Phthia aus nach dem doch von der grossen Heerstrasse der Völkerwanderung abseits gelegenen Jolkos vorgedrungen sein wird. Da nun aber die Landschaft Phthia vermöge ihrer Lage den Altargivern ein Vordringen von Dotion und Umgegend aus nach dem Süden hätte unmöglich machen müssen, sobald sie im Besitz eines Stammes sich befand, dessen kriegerische Ueber-

---

1) Vgl. oben S. 339 ff. 344 f.
2) I. S. 221 f.
3) I. S. 222.

legenheit aus der Einnahme von Jolkos deutlich hervorgeht, so ergibt sich der Schluss, dass eben durch die Bewegung des Aeolischen Stammes, welche diesen schliesslich in den Besitz der Landschaft Phthia setzte, die Altargiver sich in ihren Thessalischen Wohnsitzen so beengt und bedroht gefühlt haben müssen, dass sie es vorzogen dieselben zu räumen und sich nach dem Süden zu wenden. Somit müssen wir es als eine historische Thatsache anerkennen, dass Thessalien nach einander in den Händen der drei Hellenischen Stämme, des Argivischen, Aeolischen und Achäischen gewesen ist. Nehmen wir nun an, dass, um einigermassen sich festzusetzen und dauernde Spuren zu hinterlassen, jeder Stamm wenigstens eines Menschenalters oder noch wahrscheinlicher der doppelten Zeit bedurfte, so muss die Herrschaft des Argivischen Stammes in Thessalien 100—200 Jahre vor dem Beginn der Thessalisch-Böotischen Wanderung angesetzt werden, das Vordringen derselben nach dem Süden aber ungefähr hundert Jahre vor demselben Zeitpuncte seinen Anfang genommen haben. Mit diesem letztern Ansatze stimmt, dass, als die Achäer und später die Böoter aus Thessalien weichen mussten und in Mittelgriechenland sich festzusetzen suchten, die Kadmeer in Böotien sich bereits so festgesetzt hatten, dass die Spuren ihrer dortigen Sesshaftigkeit trotz völliger Zertrümmerung des Stammes niemals ganz verwischt werden konnten.

Einmal auf die Kadmeer gekommen wollen wir zunächst die Geschichte dieses Stammeszweigs zu Ende führen. Frühere Untersuchungen haben uns hier schon den Weg gebahnt, so dass wir im Wesentlichen nur die Resultate derselben zusammenzustellen brauchen [1]). Die

---

[1]) I. S. 299 ff.

später Böotien genannte Landschaft war, als die Kadmeer aus Thessalien nach Mittelgriechenland vorrückten, besetzt von den Tyrrhenern, einem unhellenischen, wahrscheinlich Semitischen Stamme, dem Träger der viel besprochenen Kabirenreligion. Dieser musste weichen und sich nach Attika zurückziehen, von wo aus er dann mehrere Inseln, namentlich Samothrake, Lemnos¹) und Imbros, besetzte. Die Berührung aber, in welche er während der Verdrängung aus seiner Heimat mit den Kadmeern gekommen war, hatten ihn mit dem Culte und den Mythen dieser bekannt gemacht, wovon die Folge war, dass der Cult des ithyphallischen Hermes durch sie nach Attika gebracht wurde, und Kadmos und Harmonia auch in dem Samothrakischen Culte eine Rolle spielten. Die neuen Sitze an den Ufern des Kopaischen Sees mochten den Kadmeern um so besser zusagen, da die Bodenbeschaffenheit der verlassenen Heimat am Böbeischen See so ähnlich und sicher nicht minder gut zum Ackerbau geeignet war; man kann auch noch aus den Spuren grosser Volksfeste, die sich in dem Kadmeischen Mythus erhalten haben, herausfühlen, wie behaglich sie sich alsbald hier eingerichtet hatten. Aber dennoch sollten

---

¹) Beiläufig mache ich darauf aufmerksam, wie gut der hier und früher entwickelte Zusammenhang der Ereignisse zu der von Herodot und Andern bezeugten Thatsache stimmt dass von den Tyrrhenischen Pelasgern die Minyer aus Lemnos vertrieben seien (Herod. V. 175 vgl. Müller Orch. S. 307). Diese Minyer sind nämlich nach Herodot's ausdrücklicher Angabe Enkel der Argonauten (τῶν ἐν τῇ Ἀργοῖς ἐπιπλευσάντων παίδες) oder mit andern Worten, jener Colonisten, die sich nach der Eroberung von Jolkos durch die Argiver unter angeblicher Führung des Jason in Lemnos ansiedelten (vgl. oben S. 335). Etwa zwei Menschenalter müssen auch nach unserer frühern Rechnung zwischen der Ansiedelung der Argiver in Thessalien und der Kadmeer in Böotien verflossen sein.

sie sich nicht allzulange hier behaupten. Dem von Thessalien her nahenden Völkersturme nicht gewachsen [1], wurden sie dermassen zersprengt, dass der Stamm als solcher unterging und nur unbedeutende Trümmer in näherer oder weiterer Ferne eine Zufluchtsstätte fanden, namentlich in Kreta, Attika und an der Illyrischen Küste. Die unter Achäischer Führung bewerkstelligte Ansiedlung in Kreta, mythisch als Entführung der Demeterheroine Europa nach dieser Insel dargestellt, ist schon früher genügend besprochen. Der nach Attika versprengte Haufe, der hier unter dem Namen der Gephyräer erscheint [2], brachte den Cult der Demeter *Ἀχαιΐα* mit, der sich noch zu Herodot's Zeit in einer gewissen Absonderung als religiöser Mittelpunct der Nachkommen der

---

[1] Den ersten Stoss erleiden sie von den Achäern I. S. 233 ff.

[2] Herod. V, 67. Aristogeiton und Harmodios, die Mörder des Hipparchos, werden noch ausdrücklich als Gephyräer bezeichnet. Nach Herodot's Angabe kamen sie zunächst von Tanagra, durch die Böoter vertrieben. (Die Richtigkeit dieser Angabe bestätigen Strab. IX. p. 404. Steph. Byz. s. v. *Γέφυρα*, und sie ist auch um so weniger zu bezweifeln, da der Cult des Hermes in Tanagra noch in später Zeit eine so hervorragende Bedeutung hatte, dass man selbst die Geburtsstätte des Gottes auf den Berg Kerykion bei Tanagra verlegte vgl. unten §. 13). Doch bezeichnet derselbe die Gephyräer zugleich als einen Rest, der zurückgeblieben sei nach einer frühern Anstörung der Kadmeer aus ihren Sitzen, welche von Argivern bewirkt sein soll. Er scheint dabei an den mythischen Zug der Sieben zu denken, hinter dem aber, was sich hier freilich nicht weiter ausführen lässt, ein bereits vor Einwanderung der Kadmeer sich vollziehendes Ereignis steckt. Richtiger wird also, was er von der Vertreibung der Kadmeer durch die Argiver erzählt, den Achäern zugeschrieben, von deren Vordringen nach Mittelgriechenland ihm und seinen Zeitgenossen freilich schon jede Kunde abhanden gekommen war. Vgl I. S. 230 ff.

Gephyräer erhalten hatte [1]). Dieser Umstand hat ein gewisses Interesse, insofern er einmal eine urkundliche Bestätigung dafür bietet, dass Demeter die Stammesgöttin der Kadmeer war, sodann aber in dem Beinamen, der die Göttin, wenn man nicht die nächstliegende Deutung verschmähen will, unzweifelhaft als die „Achäische" bezeichnet, eine Andeutung enthalten ist, dass der genannte Kadmeerhaufe mit Achäern gemischt war, welche den Cult der Göttin auch für sich anerkannt hatten. Die Ansiedelung in Illyrien, historisch ohne Bedeutung, gewährt das Interesse, dass sie dem Mythus von Kadmos den Anhang zugefügt hat, dass er selbst nach Illyrien gezogen sei, wo er zur Herrschaft gelangt sein und Buthoe erbaut haben soll; seine angeblichen Nachkommen herrschen dort über die Encheleer [2]).

Die andere Hälfte des Stammes, die wir vorhin mit dem Namen der Südargiver bezeichnet haben, gelangte, durch die Aeoler zuerst aus seinen Thessalischen Wohnsitzen aufgestört und vielleicht von den nachrückenden Kadmeern weiter geschoben, bis zum Saronischen Meerbusen; ein Theil überschritt diesen und setzte sich in Besitz der wieder zum Ackerbau besonders geeigneten Argolischen Ebene. Dass er sich hier längere Zeit mit Glück behauptet und eine nicht unbedeutende Macht gewonnen haben muss, zeigt vor allem der Name Argos, der, von dem Gottesnamen zunächst auf die von dem Stamme bewohnte Stadt und Landschaft übertragen, später nahe daran war zum Gesammtnamen Griechenlands und der Griechen erhoben zu werden; wenigstens

[1]) Herod. V, 61.
[2]) Apollod. III, 5, 4. Eur. Bacch. 1331 ff. Strab. VII. p. 326. Steph. Byz. s. v. Buthoe. Heyne Obss. ad Apoll. p. 234. O. Müller Orch. S. 231. Herod. l. l.: ἐξανίστανται Καδμεῖοι ὑπ' Ἀργείων καὶ τρέπονται ἐς τοὺς Ἐγχελέας.

wechselt bekanntlich bei Homer der Name *Ἀργεῖοι* mit *Ἀχαιοί*, und *Ἄργος* erscheint bei ihm als Benennung des gesammten Peloponnesos. Auch der Cult der altargivischen Gottheiten fasste hier so tiefe Wurzeln, dass die nach einander sich über die Landschaft ergiessenden Ströme erobernder Stämme ihn nicht ganz hinwegschwemmen konnten. Unter diesen treten zunächst die Aeoler und Achäer hervor, welche in Mykene den Hauptsitz ihrer Macht gründeten und von dort aus offenbar einen starken Druck auf das benachbarte Argos ausübten. Zeugnis dafür ist der Eintritt der Gottheiten Hera und Zeus in den altargivischen Stammesmythus, wodurch nachgewiesenermassen der Zusammenhang desselben gestört, und der Gott Hermes-Argos in eine untergeordneteStellung gedrängt wurde. Doch blieben die alten Formen des Cultus damals noch bestehen, ja sie bestanden noch zur Zeit der Dorischen Occupation. Denn die von Doriern nach Rhodos und Knidos geführte Argivische Ansiedelung war es, welche den Mythus von Io zunächst dorthin und von da später nach Aegypten trug, und wir haben seiner Zeit gesehen, dass damals noch der Argolische Iomythus bis in die speciellsten Einzelheiten dem Eleusinischen Demetermythus entsprochen hat. Obendrein berichtet Herodot mit bestimmten Worten, dass die Weihen der Demeter, die s. g. Thesmophorien in Argos und dem übrigen Peloponnes mit Ausnahme Arkadiens erst durch die Dorische Occupation untergegangen seien [1]. Hiernach muss es also auch für wahrscheinlich gelten, dass bis auf diese Zeit wenigstens in einem Theile der Landschaft Argolis der altargivische Stamm den Aeolern und Achäern gegenüber sich entweder unabhängig oder doch in einer gewissen politischen Stellung behauptet habe.

[1] Herod. II, 171.

Der andere Theil der Südargiver liess sich in Eleusis nieder. Diese Eleusinische Niederlassung scheint gleichzeitig mit der Argolischen entstanden und mit derselben in fortdauerndem Verkehr geblieben zu sein; denn nur so erklärt sich die höchst merkwürdige Uebereinstimmung im Mythus und Cultus der Argolischen Io-Demeter und der Eleusinischen Göttin. Das Eleusinische Gebiet bildete lange Zeit einen Staat für sich, der von Attika ganz getrennt bestand. Die Tradition wusste sogar von einem Kriege der Eleusinier unter Eumolpos gegen Erechtheus zu berichten [1]). Unabhängig von Attika und unvermischt erhielten sich die Eleusinier bis zu dem Zeitpuncte, in welchem von den Doriern aus Pylos vertriebene Kaukonen sich unter ihnen niederliessen und die Herrschaft gewannen. Das sagt die Ueberlieferung von Melanthos in sehr verständlicher Weise. Strabo berichtet: *Μετὰ δὲ τὴν τῶν Ἡρακλειδῶν κάθοδον καὶ τὸν τῆς χώρας μερισμὸν ἐκπεσεῖν τῆς οἰκίας συνέβη πολλοῖς εἰς τὴν Ἀττικήν, ὧν ἦν καὶ ὁ τῆς Μεσσήνης βασιλεὺς Μέλανθος· οὗτος δὲ καὶ τῶν Ἀθηναίων ἐβασίλευσεν ἑκόντων νικήσας ἐκ μονομαχίας τὸν τῶν Βοιωτῶν βασιλέα Ξάνθον* [2]). Aus Athenäus ergibt sich, dass er zunächst in Eleusis sich angesiedelt hatte [3]). In Folge dieses Ereignisses drängten sich die Kaukonischen Gottheiten Hades und Persephone in den Eleusinischen Cult ein; Demeter wurde zur Mutter der Persephone, und Hermes trat gegen Hades in den Hintergrund. Als dann die Kaukonischen Könige zum Lohn für den Beistand, welchen sie den Athenern gegen die Böoter leisteten, auch zur Herrschaft von Athen berufen wurden,

---

[1]) Thuc. II, 15. Paus. I, 38, 3. vgl. Herm. St. A. §. 91, 9.
[2]) Strab. IX. p. 393. vgl. Paus. II, 17, 9.
[3]) Athen. p. 96 e.

da verschmolz Eleusis mit Attika zu einem Gesammtstaate, Durch die steigende Macht dieses Gesammtstaates gewann aber jener gemischte Cult der Demeter und Persephone allmählich ein solches Ansehen, dass er sich nach vielen Gegenden verbreitete und nicht selten auch bereits vorhandenen Demetercullen ältern Ursprungs den Character des Eleusinischen Dienstes aufprägte [1]).

Dass das Fleusis benachbarte Megarische Gebiet von dem altargivischen Stamme bei seiner Einwanderung in diese Gegenden ebenfalls besetzt worden ist, ergibt sich aus einigen Spuren. Megaris stand, wie es seine geographische Lage mit sich bringt, bis zur Dorischen Occupation in seinen politischen Beziehungen nach Ausweis der Tradition Attika sehr nahe: der König Pandion, aus Attika vertrieben, soll hier zur Herrschaft gelangt und gestorben sein, und Nisus, sein Sohn, beherrschte Megara unter der Obergewalt des Athenischen Königs Aegeus [2]). Offenbar war also die kleine Landschaft nicht stark genug, um sich mächtigen Nachbaren gegenüber in ihrer Selbständigkeit zu behaupten. Um so weniger konnte sie sich denn zu seiner Zeit dem kräftigen Vordringen des altargivischen Stammes von Norden her entziehen. Und in der That spricht schon der Name selbst hierfür; denn *Μέγαρα* hiessen die Tempel der Demeter [3]); nach dem Culte der Demeter, die noch zu Pausanias Zeiten hier viele Heiligthümer hatte [4]), ist also die Stadt und Landschaft benannt.

---

[1]) Preller Dem. u. Pers. S. 144 ff. Vgl. unten §. 14.
[2]) Apollod. III, 15, 5. Paus. 1, 89, 4.
[3]) Paus. I, 39, 5. 40, 6.
[4]) Paus. l. l. und 1, 42, 6. 43, 2. 44, 4. Der Sicilische Demetercult stammt grösstentheils von Megara. Preller Dem. u. Pers. S. 175 ff. Müller Dor. I. S. 402.

Endlich muss auch Arkadien altargivische Bevölkerungselemente in sich aufgenommen haben. Zahreiche Demetercults, die zwar zum Theil Eleusinische Gebräuche angenommen hatten, in ihren ersten Ursprüngen aber nachweislich älter waren [1]), so wie die mannigfaltige Verknüpfung des Gottes Hermes mit Arkadischen Localitäten in Sage und Verehrung [2]) lassen darüber keinen Zweifel. Da sich jedoch nirgend hier von dem alten Stammesmythus eine Spur erhalten hat, und die Stätten der Verehrung beider Gottheiten zerstreut auseinander liegen, so scheint der Schluss gerechtfertigt, dass nur zersprengte Haufen, als Argolis von dem Stamm nicht mehr behauptet werden konnte, in die Arkadischen Gebirge sich gerettet haben, ohne im Stande zu sein, ein selbständiges politisches Gemeinwesen hier zu gründen und die gemeinschaftliche Verehrung ihrer Gottheiten in alter Weise aufrecht zu erhalten. Letzteres wurde auch schon dadurch unmöglich, dass für den Ackerbau, die Hauptbeschäftigung des Stammes, hier der geeignete Boden nicht leicht zu gewinnen war und deshalb Viehzucht an dessen Stelle treten musste — ein Umstand, der, wie wir früher schon bemerkt haben, dahin wirkte, dass Hermes aus einem im Frühling selbst den Pflug führenden Schutzgotte des Ackerbaus in einen Hirtengott umgewandelt wurde.

Es ist, wie ich meine, ein klares und in sich wohlzusammenhängendes Bild der Wanderungen des altargivischen Stammes, welches sich vor uns aufgerollt hat. So wenig davon nun auch bis jetzt den Historikern bekannt gewesen sein mag, so glauben wir dennoch für dasselbe völlige Glaubwürdigkeit in Anspruch nehmen

---

[1] Preller Dem. u. Pers. S. 147 ff.
[2] Vgl. Gerhard Gr. Myth. §. 272. 3, und unten §. 13.

zu können. Denn sucht dasselbe auch nicht seine eigentliche Stütze in directen Nachrichten der Alten, so widerspricht es doch auch keiner irgend zuverlässigen Ueberlieferung des Alterthums, gewährt vielmehr für manche in ihrer Abgerissenheit und Vereinzelung unverständliche Notiz erst das rechte Verständnis. Noch mehr fällt aber ins Gewicht, dass das eigenthümliche Wesen der beiden Gottheiten Hermes und Demeter, wie es sich in der historischen Zeit darstellt, ferner die Stellung, welche sie im polytheistischem System einnehmen, und endlich die landschaftliche Verbreitung ihres Cultes sich nur auf Grund der historischen Verhältnisse, welche wir so eben entwickelt haben, einigermassen begreifen lässt. Wir werden das in den beiden folgenden §§. etwas näher zu entwickeln versuchen, wollen aber zuvor hier noch einen Punct berühren, der von allgemeinerem Interesse ist.

Dass der Name Europa, durch welchen unser Erdtheil schon früh von Asien unterschieden wird, irgend wie zusammenhängen müsse mit dem Namen der nach Kreta entführten Heroine Europa, vermuthet schon Herodot [1]), stellt aber das Bedenken dagegen, dass Europa nach Kreta, also nicht nach dem von den Hellenen so genannten Europa gekommen sei. Vielleicht aus demselben Grunde haben Neuere den Namen lieber von dem Semitischen ערב d. i. Abendland herleiten wollen, eine Vermuthung, die keiner Widerlegung bedarf. Jedenfalls hat man auszugehen von einer Stelle in dem Homerischen Hymnus auf Apollo:

ἠμὲν ὅσοι Πελοπόννησον πίειραν ἔχουσιν
ἠδ' ὅσοι Εὐρώπην τε καὶ ἀμφιρύτους κατὰ νήσους [2]).

---

1) Herod. IV. 45.
2) Hom. Hymn. Ap. 250 f.

Offenbar sollen hier Europa und Peloponnesos das Griechische Festland gegenüber den Inseln bezeichnen, ähnlich wie bei Homer öfter ‘Ελλάς und Ἄργος (d. h. der Peloponnes) zusammen den noch fehlenden Gesammtnamen für Griechenland ersetzen müssen. Demnach war Europa anfänglich eine geographische Benennung von viel beschränkterem Umfange, die sich erst allmählich, wie das so oft sonst vorkommt, zu einer umfassendern Bedeutung erhoben hat. Soll nun aber auch in jener Stelle der Name das ganze vom Peloponnes nördlich gelegene Griechische Festland bezeichnen, so werden wir doch auch dieses schon als eine Erweiterung anzusehen haben. Ursprünglich war nämlich höchst wahrscheinlich nur die Landschaft Böotien darunter verstanden; denn hier war der Name Εὐρώπη zu Hause als ein Epitheton der daselbst verehrten Göttin Demeter, deren ursprüngliche Verehrer, wie wir an den Namen Ἄργος und Ἴασον Ἄργος gesehen haben, die Neigung hatten, die von ihnen besetzten Landschaften und Städte nach dem Namen ihrer Gottheit zu benennen. Erinnert man sich nun, dass der Achäisch-Aeolische Stamm, nachdem er aus Thessalien verdrängt war, in diesen Gegenden festen Fuss zu fassen suchte, aber sich schliesslich genöthigt sah, von hier aus neue Wohnsitze jenseits des Meers an der Küste Kleinasiens zu suchen und zwar in der Nähe der Gegend, aus welcher der Ἄσιος λειμών [1] uns die erste Spur des Namens Ἀσία bietet, so erscheint es nicht zu kühn anzunehmen, dass eben dieser von Εὐρώπη d. h. Böotien in die Gegend des Ἄσιος λειμών ausgewanderte Achäisch-Aeolische Stamm zuerst den Namen Εὐρώπη und Ἀσία in der Weise gebraucht habe, dass damit zunächst der Ausgangs- und der Endpunct

---

[1] Hom. Il. II. 461.

seiner Wanderung, bald aber überhaupt die Länder der
beiden gegenüber liegenden Küsten bezeichnet wurden.
Daraus konnte sich dann der umfassendere Gebrauch
der beiden Namen, wie wir ihn schon bei Herodot finden, sehr leicht entwickeln.

§. 13.

Wesen und Stellung des Gottes Hermes in der historischen Zeit.

Es ist ein weit verbreiteter Irrthum der modernen
Mythologie, dass das Wesen jeder Gottheit so sich auf
irgend einen abstracten Begriff oder ein physisches Phänomen zurückführen liesse, dass die einzelnen Eigenschaften daraus gleichsam wie die Aeste und Zweige eines Baumes aus einer gemeinsamen Wurzel emporge-
schossen wären. Auf diesen Irrthum lassen sich auch
die meisten Ansichten zurückführen, welche man über
das ursprüngliche Wesen des Hermes aufgestellt hat,
indem die Einen ihn für einen Gott der Zeugung, des
Umschwungs, der Rede, die Andern für einen Sonnengott, Regengott u. s. w. erklärten. Dem gegenüber haben wir überall die Ansicht vertreten und durchzuführen
versucht, dass schon das ursprüngliche Wesen wenigstens der Hauptgottheiten einzig und allein darin seine
Einheit finde, dass eine jede derselben von Haus aus
einer geschlossenen Cultusgemeinde angehört habe. Dazu vorhanden, dem religiösen Bedürfnis dieser genügende
Befriedigung zu gewähren, musste sie auch in der weitern Entwickelung ihres Wesens sich theils dem geistigen Fortschritt, theils den äussern Schicksalen und veränderten Lebensbedingungen ihrer Verehrer anschliessen,
und je grösser die Umgestaltung war, die auf diesen
Gebieten vor sich ging, desto stärkeren Veränderungen

war auch das ursprüngliche Wesen einer Gottheit unterworfen. Von diesem Standpuncte aus können wir, da sich gezeigt hat, dass die ursprünglichen Verehrer des Hermes schon früh durch die Stürme der Wanderungszeit nicht nur um die politische Selbständigkeit ihrer Existenz gekommen, sondern auch aus ihren Wohnsitzen vertrieben und so zu sagen nach allen Himmelsgegenden versprengt sind, nicht erwarten, dass ihr Gott in dem gerade damals sich bildenden polytheistischen System eine hervorragende Stellung gewonnen oder von seinem ursprünglichen Wesen viel bewahrt haben sollte. Und so verhält es sich in der That: in der olympischen Götterfamilie steht er auf einer sehr untergeordneten Stufe, und sein Wesen ist so verändert, dass wir den altargivischen Gott, wie wir ihn früher kennen gelernt haben, auf den ersten Blick kaum in ihm wieder zu erkennen vermögen. Dennoch verrathen einige seiner Eigenschaften einen unverkennbaren Zusammenhang mit seinem früheren Wesen.

Dahin gehört vor allem die ithyphallische Bildung der Hermesidole, welche für Attika schon durch Herodot bezeugt ist, der freilich, weil ihm aus den Samothrakischen Mysterien ein darauf bezüglicher ἱερὸς λόγος bekannt war, dieselbe auf die Tyrrhenischen Pelasger zurückführen zu müssen glaubte. Uns kann diese Ansicht nicht irre leiten, da wir wissen, dass die Tyrrhener, was sie von Hermesdienst besassen, erst von den Kadmeern angenommen hatten, und obendrein Kunde haben von einer Ansiedlung Kadmeischen Volks, der Gephyräer, in Attika. Mögen also immerhin die ersten Anfänge des Hermesdienstes durch die Thyrrhener nach Attika gekommen sein, so hat doch die Einwanderung der Gephyräer aus Tanagra, wo der Hermescult später noch eine Hauptstätte hatte, die Verehrung des Gottes hier erst recht befestigt. Ausserdem begegnet uns zu Kyllene in Elis ein Cult des Hermes, in dem das Phallussymbol allein schon den Gott repräsentirte [1]), und es ist nicht abzusehen, mit welchem Rechte man diesen von den Tyrrhenern oder von Attika sollte herleiten können; vielmehr verräth der Name des Ortes eine Beziehung zu dem Kyllenischen Gebirge, der Geburtsstätte des Gottes, und da wir guten Grund haben, den hier bestehenden Cult aus Argolis herzuleiten, so wird auch wohl jenes Phallussymbol in letzter Instanz auf die Südargiver zurückzuführen sein. Es ergibt sich folglich, dass sowohl die Nordargiver (Kadmeer) als die Südargiver das Phallussymbol gekannt haben. Dasselbe *fällt* nun aber seiner Bedeutung nach augenscheinlich zusammen mit der Stiergestalt, in welcher in den Mythen die zeugerische Kraft des altargivischen Gottes symbolisch sich darstellt. Auf eben diese segenspendende Seite seines ursprünglichen Wesens wird man auch die Homerischen Epitheta ἐριούνιος, δωτὴρ ἐάων, ἀκάκητα am ungezwungensten beziehen.

Aber auch die entgegengesetzte chthonische Phase des Gottes hat sich in mannigfaltigen Nachklängen deutlich erhalten. Bei den Tragikern trägt er das Epitheton χθόνιος, unter welchem er in Gemeinschaft mit den Unterweltsgottheiten Hades, Persephone, Ge mehrfach angerufen wird [2]). Wie er in der Odyssee bekanntlich mit seinem goldenen Stabe die Seelen der ermordeten Freier in die Unterwelt treibt, so führt er auch sonst die Seelen in den Hades und wieder heraus und heisst

---

[1]) Paus. VI, 26, 5.
[2]) Aeschyl. Pers. 628 ff. Choeph. 124. 727. Soph. Aj. 832. El. 110 ff. Im Heiligthum der Erinyen zu Athen war Hermes in Gemeinschaft mit Pluton und Ge bildlich dargestellt. Paus. I. 28, 6.

davon πομπός ¹), πομπαῖος ²), ψυχοπομπός und ἄγγελος εἰς Ἅιδην ³). Damit verrichtet Hermes nicht etwa einen untergeordneten Dienst im Auftrage und in Abhängigkeit von dem Beherrscher der Unterwelt, sondern er characterisirt sich dadurch selbst als Herrscher des Todtenreichs; denn auch Hades treibt die Seelen mit einem Stabe in die Unterwelt ⁴), und in Gemeinschaft mit dem Hermes πομπός geleitet Persephone den sterbenden Oedipus ⁵). Nur wer von dem unhaltbaren Gedanken an die Ursprünglichkeit des polytheistischen Systems nicht ablassen will, kann sich der Einsicht verschliessen, dass Hermes in dieser Function einen Rest seiner ehemaligen Bedeutung als Herrscher des Todtenreichs in der altargivischen Stammesreligion sich erhalten hat. Damit möchte denn auch der in Argos noch spät bestehende Cultusgebrauch, dem Hermes dreissig Tage nach dem Tode eines Verwandten zu opfern, in Beziehung zu bringen sein ⁶). Natürlich musste, seitdem das polytheistische System den Gottheiten Hades und Persephone die ausschliessliche Herrschaft über das Todtenreich zugeeignet hatte, Hermes, nicht minder als Kronos, in jener Eigenschaft je mehr und mehr auch da zurücktreten, wo Reste seines Cultus sich behauptet hatten. Indessen hat doch eine damit in Zusammenhang stehende Function des Gottes sich zur Allgemein-

---

¹) Soph. Oed. Col. 1548.
²) Soph. Aj. 832.
³) Hom. Hymn. Merc. 472.
⁴) Pind. Ol. IX, 33 ff.
⁵) Soph. Oed. Col. 1548.
⁶) Plut. Qu. Gr. 24. Auch der Demeter wurde zu Sparta am zwölften Tage der Trauerzeit geopfert. Plut. Lyc. 27. Zu Athen hiessen die Todten Δημήτρειοι. Plut. de fac. in orb. lun. c. 28.

gültigkeit durchgerungen. Er sendet nämlich den Menschen den Schlaf und die Träume. Nun ist aber der Schlaf nicht nur nach nationalgriechischer Anschauung ein Bruder des Todes [1]) und wohnt mit diesem zusammen in der Unterwelt [2]), sondern derselbe Stab, mit welchem Hermes die Seelen in die Unterwelt treibt, dient auch dazu, die Menschen einzuschläfern und zu erwecken [3]); der Traum, mit beiden verschwistert, haust am Eingang der Unterwelt [4]). Folglich führt die nationalgriechische Auffassung mit Entschiedenheit darauf, den Ἑρμῆς ὑπνοδότης, ὕπνου προστάτης und ὀνειροπομπός durch eine Verflüchtigung und einseitige Ausbildung aus dem alten Beherrscher der Unterwelt hervorgegangen zu denken.

Alle diese Eigenschaften hängen mit dem ethischen Elemente des chthonischen Begriffs [5]) zusammen. Indessen ist auch das physische Element in dem spätern Wesen des Gottes noch vertreten. Denn die diebische List (κλεπτοσύνη) und Schlauheit, die ihn vor allen andern Gottheiten auszeichnet [6]), kann schwerlich auf eine andere Weise abgeleitet werden [7]). Die in der unfruchtbaren Jahrszeit wirksamen chthonischen Götter sind Räuber und Diebe: so Hades, indem er die Persephone raubt,

---

1) Hom. Il. XIV, 231. XVI, 672. Hes. Theog. 211.
2) Hes. Theog. 758.
3) Hom. Od. XXIV, 3 f.
4) Hom. Od. XXIV, 12. Nach Eur. Hec. 70. Iphig. T. 1261 ist die Χθών, d. h. die Unterwelt, die Mutter der Träume.
5) Vgl. oben S. 46 ff.
6) Dass diese Eigenschaft dem Gotte nicht erst später beigelegt ist, zeigt der Name Epaphos (Betrüger, Täuscher), den sein Sohn im Argolischen Mythus führt.
7) Meine in dieser Beziehung früher noch etwas schwankende Ansicht (oben S. 48) hat sich seitdem befestigt.

so Hermes selbst, der den Argos überlistend die Io entführt, so der Italische Cacus, der dem Hercules die Rinder stiehlt. Sie rauben und stehlen die Fruchtbarkeit des Jahrs, wenn die sengende Glut des θέρος die Vegetation vernichtet. Dazu bedürfen sie der Stärke und List, weshalb denn 'Ερμῆς Ἀργειφόντης, der eben der chthonische, die unfruchtbare Jahrzeit herbeiführende Gott ist, bei Homer sowohl κραττύς als auch ἴσκοπος heisst; auch Kronos führt in diesem Sinne die Epitheta μέγας und ἀγκυλομήτης.

In dem Phallussymbole und in den besprochenen chthonischen Eigenschaften tritt das Wesen des altargivischen Gottes in seinen Grundzügen noch sehr deutlich hervor. Wir erkennen darin jenes dualistische Wesen, welches in den altargivischen Stammesmythen eine Spaltung in zwei einander feindlich gegenüber tretende Persönlichkeiten nothwendig machte, weil nur so die sich gegenseitig aufhebenden Thätigkeiten des Gottes im Kreislaufe des Jahrs zu einem angemessenen mythischen Ausdruck gelangen konnten. Da aber, wie namentlich die Achäischen Mythen deutlich hervortreten lassen, über einer solchen Spaltung das Bewusstsein der Einheit des göttlichen Wesens nicht verloren ging, so ist es auch nicht zu verwundern, dass, nachdem die altargivischen Mythen in Vergessenheit gerathen waren oder doch nicht mehr direct auf den Gott Hermes bezogen wurden, in diesem vereinigt wurde, was früher in einer Person nicht vereinigt werden zu können schien.

Unter den übrigen Eigenschaften, welche der Gott Hermes in historischer Zeit an sich trägt, ist für das religiöse Bedürfnis des practischen Lebens die bedeutendste, dass er als Schutzgott der Wanderer verehrt wird. Die plastische Darstellung des Gottes bildete ihn ja auch deshalb besonders gern mit dem Petasos auf dem Haupte

und Flügeln an den Füssen. Man könnte nun wohl auf
den Gedanken gerathen, diese Eigenschaft mit der Psy-
chopompie in Verbindung zu bringen, zumal derselbe
Ausdruck πομπαῖος bald den Seelengeleiter, bald den
Schutzgott der Wanderer bezeichnet [1]), und immerhin
mag zugegeben werden, dass für die vulgäre Griechische
Auffassung Beides oft in einander geflossen sei. Allein
ursprünglich scheinen doch beide Eigenschaften nichts
mit einander gemein zu haben. Denn man kann doch
nicht umhin daran zu denken, dass durch seinen Hauptnamen schon der altargivische Gott als der „Wanderer"
bezeichnet wird, und das Wandern und Umherziehen
in den alten Stammesmythen ein hervorragender Zug
ist. Wir haben darin seiner Zeit eine symbolische Hindeutung auf die Bewegung der Sonne am Himmelsgewölbe erkannt, und es lässt sich gewis nicht in Abrede
stellen, dass die Flügel an den Füssen der Hermesbilder
wohl noch besser aus dieser Beziehung als aus jenem
Amte sich erklären lassen. Ob schon in der Blütezeit
der altargivischen Religion der selbst als wandernd und
umherschweifend in den Mythen dargestellte Gott darum
auch als der natürliche Hort des Wanderers gedacht
wurde, oder ob erst eine spätere Zeit in dunkeler Erinnerung an jenen alten symbolischen Zug ihm diese Eigenschaft zugewiesen habe, mag dahin gestellt bleiben.

Des Schutzes eines solchen Gottes am meisten be-
dürftig ist der Kaufmann, wenn er mit seinen kostbaren
Waaren unter mannigfachen Gefahren von Ort zu Ort
zieht. Ist nun dadurch allein Hermes zum Gotte der
Kaufleute, des Handels und Verkehrs geworden? Möglich; doch kann auch noch ein anderes Moment dazu
beigetragen haben. Wenn ein Ackerbau treibendes Volk

---

[1]) Vgl. z. B. Soph. Aj. 832 mit Eur. Med. 759.

durch Eroberer seiner politischen Existenz beraubt wird, so muss es entweder, falls man ihm die fernere Bebauung seines Grundbesitzes gestattet, in ein Hörigkeits- und Abhängigkeitsverhältnis zu den neuen Herren des Landes treten, oder es muss mit dem Grundbesitz auch seine frühere Beschäftigung aufgeben und sich andern Thätigkeiten, namentlich dem Handel und den Geworben zuwenden. So finden wir in mehreren Griechischen Landschaften die Nachkommen früherer Freisassen als Hörige, welche die Ländereien ihrer Herren gegen Entrichtung eines Theils des jährlichen Ertrags bebauen [1]; so sehen wir andererseits, wie die zu Periöken herabgesunkenen Achäer in Lakonika sich eifrig dem Handel und gewerblicher Thätigkeit hingeben, was den Dorischen Spartiaten durch die Lykurgische Verfassung untersagt war [2]. Die Israeliten haben sich bekanntlich, seitdem sie aus ihrer Heimat vertrieben wurden, von dem Anbau des Bodens, dem sie früher doch auch oblagen, gänzlich abgewendet. Da wir nun von den Argivischen Volkstrümmern, welche nach Arkadien vorsprengt wurden, oben schon gesehen haben, dass sie, durch die Natur des Landes gezwungen, zur Viehzucht übergingen, und in Folge davon ihr Gott sich gefallen lassen musste in einen Hirtengott verwandelt zu werden, so liegt die Vermuthung nahe, dass die Reste des altargivischen Stammes, welche in Böotien und Argolis wohnhaft blieben oder nach Attika übersiedelten, in diesen dazu wohlgelegenen Landschaften sich dem Handel vorzugsweise gewidmet haben, und in Folge davon ihrem Gotte das Schutzamt über Handel und Verkehr zugefallen ist.

Auf ähnlichem Wege möchte wohl das Heroldsamt des Gottes zu erklären sein. Die Herolde sind bei Ho-

[1] Herm. St. A. §. 19, 8.
[2] Müller Dor. II. S. 21 ff.

mer zwar Diener, aber keine Sclaven. Zu dieser Stellung eigneten sich also besonders Leute, welche bei persönlicher Freiheit dennoch des eigenen Grundbesitzes und einer darauf basirten unabhängigen Lebensstellung entbehrten, folglich vorzugsweise Abkömmlinge eines besiegten Stammes. Darum finden wir denn auch, dass das erbliche Heroldsamt in Sparta in den Händen eines Geschlechts war, das sich von seinem Ahnherrn, dem Agamemnonischen Herold Talthybios, Talthybiaden nannte und unzweifelhaft Achäischen Ursprungs war [1]). So mögen denn auch wohl altargivische Geschlechter an mehr als einem Puncte zu Heroldsdiensten sich haben verwenden lassen, was natürlich ihrem noch immer als θεὸς γενέθλιος verehrten ehemaligen Stammesgotte das Schutzamt über die Herolde übertragen und ihn selbst zum κῆρυξ τῶν θεῶν erheben musste. Für diese Ansicht findet sich ein fester Anhaltspunct in folgender Thatsache. In Attika gab es ein Geschlecht der Keryken; es leitete sich von Hermes her und übte wichtige Functionen bei den Eleusinischen Mysterien[2]). Man darf daraus schliessen, dass es wirklich von altargivischer Abkunft war, und das hohe Ansehen, zu welchem die Eleusinien allmählich aufstiegen, mag dazu beigetragen haben, dass sein göttlicher Ahnherr als Schutzgott der Herolde allgemein anerkannt wurde. Bestätigt wird diese Vermuthung durch den deutlich vorliegenden Umstand, dass das Heroldsamt des Hermes jüngern Ursprungs ist. Denn die Ilias kennt den Hermes noch nicht als Boten und Herold der Götter, sondern theilt der Göttin Iris diese Function zu. Erst in der Odyssee, die nach mannigfaltigen Spuren erst im siebenten Jahrhundert ihren

---

[1]) Müller Dor. II. S. 80 f.
[2]) Herm. G. A. §. 55, 25.

Abschluss gefunden hat [1]), und in der Theogonie [2]),
welche, was sehr zu beachten ist, zuerst den Eleusinischen Cult der Demeter und Persephone deutlich erwähnt [3]), erscheint Hermes als Inhaber dieser τιμή.

Die besprochenen Eigenschaften des Gottes sind unstreitig die bedeutsamsten unter denjenigen, welche zu allgemeiner Anerkennung gelangt sind; was sich sonst noch findet, ergibt sich leicht als Resultat der fortschreitenden Entwickelung der einen oder andern unter ihnen. Wir haben also nicht nöthig hier weiter darauf einzugehen, da es nur darauf ankam zu zeigen, dass das Wesen des Gottes, wie es in historischer Zeit sich darstellt, durchaus nicht in Widerspruch zu dem allerdings auf den ersten Blick so sehr davon verschiedenen Wesen des altargivischen Gottes steht. Denn einerseits finden wir von diesem noch die deutlichsten Nachklänge in dem ithyphallischen und chthonischen Hermes, andererseits ergab sich, dass die neu hinzugetretenen Eigenschaften aus den Schicksalen und veränderten Lebensverhältnissen seiner ursprünglichen Verehrer sich hinlänglich erklären liessen. Mag nun immerhin die eine oder die andere der von uns versuchten Erklärungen angezweifelt werden können, so bleibt doch soviel gewis, dass das so vielfältig zerrissene und zersplitterte Wesen des spätern Gottes als ein natürlicher Reflex der Zerreissung und Zersplitterung seiner ehemaligen Verehrer gelten muss, und jeder Versuch, dasselbe aus einem abstracten Begriffe oder einem einzelnen physischen Phänomen herzuleiten, von vorn herein zu verwerfen ist.

---

[1]) Vgl. Lauer Gesch. der Hom. Poesie S. 127 f.
[2]) Hes. Theog. 939 (κήρυξ ἀθανάτων).
[3]) Hes. Th. 912 ff.

Schliesslich haben wir hier noch auszuführen, dass auch die landschaftliche Verbreitung des Cultes den von uns dargelegten geschichtlichen Verhältnissen genügend entspricht, wenn man nur nicht vergessen will, dass in der spätern Zeit, als das polytheistische System sich ausgebildet hatte und der zunehmende Verkehr den religiösen Particularismus immer mehr beseitigte, deshalb auch da Anerkennung und Aufnahme finden konnte, wo er früher unbekannt war. Denn Culte, welche wirklich auf höheres Alter Anspruch machen können oder sagenhafte Spuren älterer Verehrung finden sich nur in Böotien, Attika, Argolis, Arkadien [1]).

Aus Böotien ist vor allen zu nennen der Cult in Tanagra. Dort hatte Hermes zwei Tempel als Κριοφόρος und Πρόμαχος. Das erstere Epitheton sollte er davon erhalten haben, dass er einst zur Abwendung einer Pest einen Widder um die Mauern der Stadt getragen; mit einem Widder auf den Schultern war er abgebildet, und alljährlich am Festtage des Gottes trug der schönste Ephebe ein Lamm auf seinen Schultern um die Stadt. Πρόμαχος hiess er nach der Legende davon, dass er einst an der Spitze der Epheben einen Einfall der Eretrier in das Tanagräische Gebiet zurückgeschlagen hatte [2]). Auf dem dortigen Berge Κηρύκειον sollte er geboren sein [3]). Demnach war Hermes der Haupt- und Schutzgott der Stadt und verdankte dies ohne Zweifel dem

---

[1]) Dass Thessalien nur in der oben S. 378 erwähnten Sage von der Buhlschaft des Gottes mit Brimo am Böbeischen See eine Spur ehemaliger Hermesverehrung bewahrt hat, ist nicht auffällig, da diese Landschaft mehr als jede andere von den Stürmen der Wanderungen betroffen war, und später hier sogar ein unhellenischer Stamm die Herrschaft in Händen hatte.
[2]) Paus. IX, 22, 1. 2.
[3]) Paus. IX, 20, 3.

Umstande, dass, wie Herodot ausdrücklich bezeugt, der letzte Rest des Kadmeischen Stammes, die Gephyräer, hier sich in Unabhängigkeit behauptete, bis er von den Böotern verjagt wurde [1]). Darum figurirt denn unter den Ahnherren des Oekisten der Stadt auch ein Jasios [2]). Die Cultusform des Κριοφόρος mag jüngern Ursprungs sein; in dem Πρόμαχος dagegen muss man den alten Kriegsgott des Stammes erkennen, der nicht erst dem von der Legende berichteten Ereignisse seinen Ursprung, sondern höchstens, wenn dasselbe nicht eine blosse Erfindung ist, seine Wiederbelebung zu verdanken hat.

Zu Lebadeia gab es einen Hain und Tempel des Orakelgottes Trophonios, der zwar von Strabo und Livius als Zeus [3]), von Cicero dagegen als Hermes bezeichnet wird [4]). Letzteres ist ohne Zweifel das Richtige; denn nicht nur hiessen die Knaben, welche den Dienst bei dem Orakel versahen, Ἑρμαῖ [5]), sondern neben dem Trophonios wurde auch Demeter Europa verehrt und galt für die Amme des Trophonios [6]). Wir schliessen mit Recht, dass erst mit dem Vordringen der Achäer in Böotien Hermes hier vor dem Gott der Sieger in den Hintergrund getreten ist.

Für Attika genügt Herodot's früher schon besprochene Angabe über den ithyphallischen Hermes, um das hohe Alter des dortigen Dienstes zu erweisen.

In Argolis hat zwar der Cult des Hermes in historischer Zeit keine hervorragende Stätte, doch zeigt der

---

1) Herod. V, 57.
2) Paus. IX, 20, 1.
3) Strab. IX. p. 414. Liv. 45, 27.
4) Cic. N. D. III, 22, 56.
5) Paus. IX, 39, 7.
6) Paus. IX, 39, 5.

hier heimische Mythus vom Argostädter und dessen enge Beziehung zur alten Landessage, dass in keiner andern Landschaft der Cult ältere und tiefere Wurzeln getrieben hat. Ausserdem ist auch der Name der Stadt Hermione unzweifelhaft von Hermes abzuleiten, und da die Göttin Demeter hier noch einen hochgefeierten und offenbar alterthümlichen Cult besass, so darf mit Sicherheit angenommen werden, dass auch Hermes vor Zeiten ein Hauptgott dieser Stadt gewesen ist [1]).

Nirgend aber wird Hermes in Sage und Cult mehr gefeiert als in Arkadien. Die Pheneaten verehrten ihn unter allen Göttern am meisten und zeigten in der Nähe seines Tempels das Grab des Myrtilos, seines angeblichen Sohnes [2]). Nach Olympia hatten sie eine Statue des Hermes $Κριοφόρος$ geweiht [3]). Auf der Grenze von Pheneos und Stymphalos lag das Gebirge $Τρίκρηνα$, so genannt von den drei Quellen, die dem Hermes heilig waren, weil ihn Nymphen gleich nach seiner Geburt dort gebadet haben sollten [4]). Zu Akakesion hatte man ein steinernes Bild des Hermes $Ἀκακήσιος$; ihn sollte

---

[1]) Beachtenswerth ist auch, dass Hermion, der angebliche Gründer von Hermione, ein Sohn des Europa heisst (Paus. II, 34, 6). Dieser Name, offenbar das Masculinum zu $Εὐρώπη$, deutet sich von selbst auf den Sonnengott Hermes-Argos, wie $Εὐρώπη$ auf die Mondgöttin. Uebrigens zeigen $Εὔρωψ$ und $Εὐρώπη$, $Ἴασος$ und $Ἰώ$, $Ἄργος$ und $Ἀργώδη$ (oben S. 352 Anm.), auch $Ἑρμῆς$ und $Ἑρμιόνη$ (unter diesem Beinamen wurde Demeter in Syrakus verehrt Hesych. s. v.) das freilich nicht durchgeführte Bestreben, die männliche und die weibliche Gottheit auch durch ihre Namen als zusammengehörige Wesen zu bezeichnen, ähnlich wie $Ζεύς$ und $Διώνη$, $Ἥλιος$ und $Ἥρη$ (vgl. oben S. 337 Anm.).

[2]) Paus. VIII, 14, 10.
[3]) Paus. V, 27, 8.
[4]) Paus. VIII, 16, 1.

Akakos, Sohn des Lykaon erzogen haben ¹); der Beiname weist unverkennbar auf das Homerische Epitheton ἀκάκητα hin. Zu Tegea stand ein Tempel des Hermes Αἴπυτος²). Auch Phigalia hatte Hermescult ³). Nehmen wir dazu nur noch die weitverbreitete Sage von der Geburt des Gottes auf dem Kyllenischen Gebirge, so können wir uns nicht wundern, dass manche Mythologen dessen Heimat in Arkadien gesucht haben. Allein abgesehen von allem Andern, was wir dem entgegenzustellen haben, finden wir bei näherer Untersuchung gerade in jener Sage selbst ein Symptom jüngern Ursprungs. Maia, des Hermes Mutter, gilt für eine Tochter des Atlas und eine der Plojaden. Dazu will aber der Name nicht recht passen, der als Appellativum „Mutter" bedeutet und bei Aeschylus, eben so wie das verwandte Wort μᾶ, in feierlichem Anruf der Ge verwendet wird ⁴). Der Name erinnert also in seiner Bedeutung an Δημήτηρ, und dass diese Göttin sich wirklich dahinter verbirgt, wird dadurch um so wahrscheinlicher, dass der altargivische Mythus die Göttin in einer gewissen Phase als Mutter des Gottes (Demophon) fasst; auch der Cult zu Lebadeia kennt Demeter Europa als Amme des Trophonios (oben S. 403). Nun scheint es aber nicht wohl denkbar, dass der Ursprung des Cultus an einem Orte zu suchen sein sollte, wo die Göttin, die sonst in der altargivischen Religion überall eine völlig ebenbürtige Stellung neben dem Gotte einnimmt, sich nur als ein Wesen untergeordneten Ranges darstellt; vielmehr wird

---

¹) Paus. VIII, 36, 10. Auch Megalopolis hatte diesen Cult angenommen. Paus. VIII, 30, 6.
²) Paus. VIII. 47, 4.
³) Paus. VIII, 89, 6.
⁴) Ἰὼ Γαῖα μαῖα Aesch. Choeph. 43; μᾶ Γᾶ Suppl. 367. 378.

man umgekehrt schliessen müssen, dass der Cult sich hier erst zu einer Zeit angesiedelt habe, als er bereits der Degeneration verfallen war.

§. 14.

Wesen und Stellung der Göttin Demeter in der historischen Zeit.

Bei weitem mehr als Hermes hat Demeter von der alten Bedeutung ihres Wesens und der Hoheit ihrer ehemaligen Stellung gerettet. Der Grund dafür ist im Allgemeinen darin zu suchen, dass die weiblichen Gottheiten in der Regel weniger als die männlichen mit den politischen Interessen verschmolzen sind und deshalb um so leichter bei dem Verluste der politischen Selbständigkeit ihrer Verehrer bei fremden Stämmen Aufnahme finden und deren Gottheiten sich anschliessen.

So finden wir denn zunächst, dass Demeter die Beziehung auf den Ackerbau, welche dem Hermes ganz abhanden gekommen ist, nicht nur behauptet hat, sondern auch im polytheistischen System als alleinige Inhaberin dieser τιμή erscheint [1]). Schon Homer redet von der ἀκτή Δημήτερος [2]); die spätere Zeit kennt eine grosse Zahl auf Saat, Wachsthum und Ernte bezüglicher Epitheta der Göttin [3]) und schreibt ihr die Stiftung des Ackerbaus zu; Triptolemos, der Heros des Ackerbaus, ist ihr Zögling, in seinem Namen, wie es scheint, nicht ohne Beziehung

---

[1]) Dass daneben in den landschaftlichen Culten auch andere Gottheiten einzelne agrarische Beziehungen zeigen, steht nicht in Widerspruch mit der obigen Behauptung.
[2]) Il. XIII, 322.
[3]) Vgl. Gerh. Gr. Myth. §. 416, 2.

auf den alten Mythus, dass Demeter mit Jasion νειῷ ἐν
τριπόλῳ gebuhlt habe ¹).

Unzweifelhaft alt ist auch die Auffassung und Verehrung der Demeter als Θεσμοφόρος, was sich schon aus der Sage ergibt, dass der Tempel der Demeter Θεσμοφόρος zu Theben einst die Wohnung des Kadmos und seiner Nachkommen gewesen sein soll ²). Das Fest der Thesmophorien, ursprünglich wohl ein Saatfest, hat doch, wie der Name, die ausschliessliche Betheiligung der Frauen bei demselben und manche andere Umstände deutlich zeigen, seinen Mittelpunct in den weiblichen Interessen der Ehe und Kindererziehung ³). Dass diese schon vor Alters der Göttin in ihrer Eigenschaft als Stammesgöttin unterstellt sein mussten, ist schon früher hervorgehoben und liegt in der Natur der Sache ⁴).

Näher dem Ideenkreise, welchen wir aus den altargivischen Mythen kennen gelernt haben, steht die Demeter Χθονία. Unter diesem Beinamen wurde sie hoch gefeiert in der Stadt Hermione ⁵), deren Name, wie oben schon erwähnt ist, zugleich auf ehemaligen Cult des Hermes hinweist. Das Fest wurde mit eigenthümlichen Gebräuchen begangen. In der Zeit des Sommers (ὥρᾳ θέρους) führte man in einem feierlichen Aufzuge, an dem sich Hoch und Niedrig, Alt und Jung, Männer

---

¹) oben S. 848. vgl. Preller Dem. u. Pers. S. 265 ff.
²) Paus. IX, 16, 5.
³) Preller Dem. u. Pers. S. 337 ff. Eine allgemeine Beziehung auf Gesetzgebung und Civilisation erscheint kaum zulässig; ebendas. S. 351. Sie mag nur von Spätern aus dem Namen herausgeklügelt sein.
⁴) Darum kann denn selbst die jungfräuliche Athene als Stammesgöttin dieser Aufgabe sich nicht ganz entziehen; vgl. Gerh. Gr. Myth. §. 254, 7.
⁵) Von dort hatte Sparta den Cult erhalten Paus. III, 14, 5.

und Frauen betheiligten, vier Kühe, die gefesselt waren
und wild sich gegen die Fesseln sträubten, zum Tempel
der Göttin. Dort angekommen löste man die Fesseln
und liess die Thiere eins nach dem andern in den Tempel, wo vier alte Frauen mit Sicheln ihnen den Tod
gaben [1]). Die Jahreszeit und der Gebrauch der Sicheln
als Opfermesser deuten auf ein Erntefest, das Epitheton
der Göttin dagegen, nach welchem auch das Fest selbst
Χθόνια hiess, zeigt hier wiederum auf die schon oft
hervorgehobene religiöse Vorstellung, dass mit dem Eintritt des θέρος und dem Verschwinden der Feldfrüchte
die Herrschaft der unterweltlichen Gottheiten in Kraft
tritt. Doch damit ist nicht Alles abgethan; vielmehr
liegt in den hervorgehobenen Eigenthümlichkeiten der
Festgebräuche eine nicht zu verkennende Beziehung auf
die seiner Zeit aus den Mythen entwickelte Anschauung,
dass mit dem Eintritt der unfruchtbaren Jahreszeit das
Wesen der Gottheiten selbst sich umgestaltet. Die bis
dahin jugendfrische Göttin verwandelt sich, wie der
Eleusinische Mythus ergeben hat, als unterweltliches
Wesen in eine alte Frau, die über die Zeit des Gebärens hinaus ist: alte Frauen müssen aus diesem Grunde
in Hermione das der chthonischen Göttin geweihte Opfer
tödten. Auch die gefesselten Kühe scheinen in Zusammenhang gesetzt werden zu müssen mit der die Io darstellenden Kuh, welche man nach altem Gebrauche im
Haine von Mykene an einen Oelbaum fesselte. Es ist
also ein freilich unter der Einwirkung der Jahrhunderte
modificirter und verkümmerter Rest des altargivischen
Sommerfestes, den wir in den Chthonien von Hermione
vor uns haben.

Der Eleusinische Dienst hat zwar auf der einen

---

[1]) Paus. II, 35, 5.

Seite unleugbar sehr viel von der ehemaligen Bedeutung der Göttin bewahrt und wesentlich dazu beigetragen, ihr eine höhere und geachtetere Stellung in dem religiösen Bewusstsein der historischen Zeit zu verschaffen, als ihrem Gemahl geblieben ist, aber auf der andern Seite hat derselbe so bedeutende Veränderungen gewirkt, dass man fast behaupten könnte, es habe sich dort eine ganz neue Religion gebildet. Was den ersten Punct betrifft, so hat die Analyse des Eleusinischen Mythus hinlänglich ergeben, dass die ihr geraubtes Kind suchende und im Hause des Keleos den Demophon pflegende Göttin Zug für Zug der Argolischen Io entspricht, folglich noch ganz in dem Boden der altargivischen Stammesreligion wurzelt. Auch im Cult behauptet sie fortwährend ein entschiedenes Uebergewicht über die ihr aufgedrungene Tochter: die Eleusinien sind und bleiben ein Fest der Demeter, nicht der Persephone; der Tempel ist ihr gegründet, die Weihen sind ihre Weihen. Ja, Persephone erscheint fast nur als eine Art Emanation ihres eigenen Wesens, lediglich zu dem Zwecke von der mythischen Anschauung geschaffen, damit jene die Kraft des in ihr ruhenden eigenthümlichen Wesens bethätigen und zu anschaulicher Entwickelung bringen könne. Dies Letztere ist aber eben, was wir vorhin als eine neue Religion bezeichnet haben. Denn in Wirklichkeit ist Persephone nicht nur von Haus aus eine eben so selbständige Gottheit, wie ihre angebliche Mutter, sondern auch das Wesen beider im Kern so gleichartig, dass sie genau genommen gar nicht neben einander existiren können. Denn Persephone ist von dem Unterweltsgotte entführt und dadurch zur Beherrscherin der Unterwelt geworden, bis der Eintritt der unfruchtbaren Jahrszeit sie wieder auf die Oberwelt führt und zur Braut und Gattin des olympischen Gottes erhebt ¹). Demeter-Io ist ebenfalls von dem chthonischen Gotte ihrem olympischen Gemahl entrissen und weilt als finstere Unterweltsgöttin in der Behausung des erstern, um im Frühling wieder als jugendliche Braut und nährende Kuhgöttin mit dem Stiergemahle sich zu vereinigen. Es ist klar, dass zwei so geartete Göttinnen nicht von derselben Cultusgemeinde in demselben Heiligthume verehrt werden konnten. Nöthigte aber dennoch der Druck eines zugewanderten fremden Volkselementes zu einer Vereinigung, so mussten beide von ihrem ursprünglichen Wesen ein Beträchtliches aufgeben, um sich zusammenschliessen zu können. So verlor denn Persephone hier nicht nur ihre Selbständigkeit in der Weise, dass sie fast nur noch im Zusammenhange mit Demeter gedacht und verehrt wurde ²), ein Verhältniss, das auch in dem unzweifelhaft erst jetzt ihr beigelegten Namen Kora einen entsprechenden Ausdruck fand ³), sondern es blieb ihr auch von der ehemaligen olympischen Seite ihres Wesens nichts als die in dem Acte der Entführung enthaltene Andeutung, dass sie vor diesem Zeitpuncte auf der Oberwelt geweilt habe. Demeter dagegen opferte einerseits ihr Verhältnis zu ihrem Gemahl, der, wenigstens in seiner eigentlichen Gestalt, ganz aus dem Zusammenhang des Eleusinischen Mythus und Cultus verschwand, und zu dem Sohne, der,

---

¹) Vgl. I. S. 182 ff.
²) Vgl. Preller Dem. u. Pers. S. 193 f.
³) Bei Hesiod wird das Wort κούρη sehr gewöhnlich von Göttinnen synonym mit θυγάτηρ gebraucht, z. B. Νηρῆος κοῦραι Th. 1003. Ὠκεανοῦ κοῦραι Th. 908. 959 u. s. w. Dass man wenigstens in Attika bei dem Namen nur an ihr Tochterverhältniss zu Demeter dachte, zeigt der öfter vorkommende Ausdruck Δήμητρος κόρη (Eur. Herc. fur. 1104. Alc. 358. Heracl. 408. 601.) und Μήτηρ καὶ κόρη (Eur. Jon. 1086. Herod. VIII, 65).

da er der Adoptivtochter weichen musste, sich nur in
verkappter Gestalt erhalten konnte, andererseits verlor
sie, zwar nicht im Mythus, aber doch in dem Bewusstsein
ihrer Verehrer, die unterweltliche Seite ihres Wesens,
die sie um so weniger behaupten konnte, da in
dem Gedanken, dass die selbst in der Unterwelt hausende
Göttin ihre in die Unterwelt entführte Tochter als
verloren beklagen sollte, doch ein zu greller Widerspruch
gelegen haben würde. Freilich wollte, was nun übrig
geblieben war, sich weder im Mythus zu einer ohne Anstoss
und Widerspruch verlaufenden Erzählung zusammenschliessen
(vgl. oben S. 300) noch in der religiösen
Anschauung zu einem klaren Gedanken gestalten. Denn
wenn man von jetzt an, wofern man überhaupt darüber
nachdachte, in Demeter nur die die Vegetation und namentlich
das Gedeihen der Feldfrüchte fördernde Erdmutter
erblickte, konnte man in ihrer vermeintlichen
Tochter nur die Vegetation selbst oder gar das im Herbste
in die Erde gelegte und im Frühling emporkeimende
Samenkorn [1]) erkennen. So aber das Product der Thätigkeit
einer Gottheit als ein gleichartiges und gleichberechtigtes
göttliches Wesen neben jene zu stellen, widerspricht
nicht nur dem ganzen Geiste der Griechischen
Religion, die nirgend der blossen Erscheinung wahrhaft
göttlichen Character zuerkannt hat, sondern ist auch,
an und für sich betrachtet, geradezu sinnlos.

Alles dies hinderte freilich nicht, dass man zunächst
in Eleusis selbst, dann in immer weitern Kreisen die so
entstandene neue Religion der „beiden Göttinnen" in
hohen Ehren hielt; ja man möchte fast meinen, dass
gerade die Unfassbarkeit und Unklarheit des religiösen
Dogmas dem steigenden Ansehen der Eleusinischen Wei-

---

[1]) Cic. N. D. II, 26.

hen, da alle Mysterien in einer gewissen Verschwommenheit des Gefühls und der Phantasie ihr wahres Lebenselement finden, nur förderlich gewesen sei. Wenigstens ist soviel gewis, dass man fast überall, wo Demeterdienst aus älterer Zeit und älteren Characters sich erhalten hatte, entweder die Gebräuche und Sagen der Attischen Eleusinien auf denselben übertrug [1], oder doch in der gemeinen Vorstellung die Zusammengehörigkeit der beiden Göttinnen anerkannte [2]. Doch gilt dies erst von der nachhomerischen Zeit; denn Homer kennt die Persephone noch nicht als Tochter der Demeter [3], was auch leicht begreiflich ist, da sich nicht verkennen lässt, dass erst mit der wachsenden Macht Athens der Eleusinische Cult sich über die engen Schranken eines *Localdienstes* erhoben hat.

Wenden wir uns nun zu der weitern Frage, was Demeter sonst von ihrem frühern Wesen eingebüsst hat, so haben wir schon früher (S. 352 f.) hervorgehoben, dass die Göttin die Beziehung auf den Mond gänzlich aufgegeben hat. Freilich war diese auch stets nur ein untergeordnetes Moment bei ihr gewesen und hatte hauptsächlich nur dem Zwecke gedient, sie zu dem zeugenden Sonnengott, ihrem Gemahl, in das richtige Verhältnis zu setzen. Dieser ihr ehemaliger Zusammenhang mit dem Gotte Hermes ist aber sowohl aus dem Culte als aus dem gemeinen Bewusstsein der historischen Zeit

---

[1] Vgl. Preller Dem. u. Pers. S. 147 ff. Preller hat, obwohl über den Ursprung des Demeterdienstes völlig im Unklaren, doch diesen Punct so richtig erkannt und im Einzelnen nachgesen, dass wir mit der Verweisung auf ihn uns begnügen können.

[2] Schol. Eur. Phoen. 687: ἐμυθεύσαντο Δήμητραν ἐν Θήβαις οἰκεῖν, ἐξ ἀνάγκης δὲ καὶ τὴν αὐτῆς θυγατέρα.

[3] Preller Dem. u. Pers. S. 6.

gänzlich verschwunden ¹). Selbst in Hermione, wo wir doch einen unzweifelhaft alterthümlichen Demetercult und in dem Namen der Stadt eine deutliche Spur ehemaliger Hermesverehrung gefunden haben, ist er völlig unbekannt, wenn man nicht etwa hinter Klymenos, den Pausanias für den Herrscher der Unterwelt erklärt, den chthonischen Hermes suchen will.

Ueberhaupt steht Demeter fast völlig isolirt, da sie der olympischen Götterfamilie durch ihre angebliche Abstammung von Kronos nur lose und äusserlich angereiht ist und, wenigstens bei Homer, niemals auf dem Olymp erscheint. Nur als Geliebte des Zeus ist sie dem Homer bekannt ²). Sie steht also in demselben Verhältnisse zu ihm, wie ihre heroischen Metamorphosen Io und Europa. Da nun aber bei diesen die bezüglichen Mythen deutlich ergeben haben, dass in Folge des siegreichen Vordringens des Achäischen Stammes der Gott Zeus hier sich eingedrängt und den rechtmässigen Gemahl (Argos, Kadmos) bei Seite geschoben hat, so wird in denselben historischen Verhältnissen der erste Grund zu suchen sein für die Verdrängung des Hermes von der Seite der Demeter, was auch direct bestätigt wird durch den Mythus, dass der mit Demeter νειῷ ἐν τριπόλῳ buhlende Jasion von Zeus (aus Eifersucht) erschlagen worden sei ³). Nur in Eleusis behauptete Hermes seine Stellung neben Demeter über die Zeit der Achäischen Wanderung hinaus und wurde erst durch die Zuwanderung der durch die

---

¹) Hier und da, namentlich in Arkadien, findet man allerdings Hermes als Tempelgenossen der Demeter, aber ohne dass ein näherer Zusammenhang zwischen beiden sich bemerkbar macht.

²) Il. XIV, 325.

³) Hom. Od. V, 125 ff. Hes. Th. 969 ff. Apoll. III, 12, 1.

Dorier aus ihrer Heimat vertriebenen Kaukonen bestätigt [1]).

Jener isolirten und untergeordneten Stellung der Demeter im polytheistischen System ist es auch wohl zuzuschreiben, wenn eine spätere Zeit mitunter sich erlaubt hat, die Göttin in freierer Weise mit fremden Gottheiten zu combiniren und ihr Dinge zuzuschreiben, welche zu ihrem Wesen in keiner Weise passen wollen. Darin hat sich besonders Arkadien ausgezeichnet. Hier gab man die Despoina, eine hochgefeierte Arkadische Localgöttin, für eine Tochter der Demeter aus [2]); Demeter sollte sie mit Poseidon erzeugt haben. Man mochte dabei an die Eleusinische Demetertochter denken, wenn man sie auch nicht ausdrücklich mit dieser identificirte. Die Verbindung mit Poseidon, sonst nirgend bekannt und weder historisch noch symbolisch verständlich, also nur durch locale Einflüsse erklärbar, wurde aber ausserdem noch für ein höchst absurdes und widerwärtiges Mythologem ausgebeutet. In Thelpusa nämlich verehrte man die Demeter unter dem Beinamen Erinys und begründete diesen, den man auf ein sonst nicht nachweisbares Verbum ἐρινύω, zürnen, zurückführte, durch folgendes Mährchen. Poseidon verfolgte, von Liebesglut ergriffen, die Demeter zu der Zeit, als sie ihre Tochter suchte. Um sich ihm zu entziehen, verwandelte sich die Göttin in eine Stute und mischte sich unter die Stuten des Onkos. Da nahm auch Poseidon Rossesgestalt an und begattete sich so mit ihr. In Folge davon gebar Demeter eine Tochter, deren Namen man nicht nennen durfte, und das sagenberühmte Ross Areion [3]). Aehnli-

---

[1]) Vgl. oben S. 867 u. S. 410.
[2]) Paus. VIII, 37, 9. 42, 1.
[3]) Paus. VIII, 26, 5—7.

ches erzählte man zu Phigalia, wo man ehedem auch
ein Bild der Göttin besessen haben wollte, das eine
sitzende weibliche Figur mit dem Haupte und dem Haare
eines Pferdes darstellte [1]). Die Ungereimtheit des Mährchens liegt auf der Hand, der jüngere Ursprung verräth
sich durch die Beziehung auf den Raub der Persephone
und das Ross Areion, ein Product der epischen Poesie,
und der Zusatz, dass um deswillen zuerst von allen
Arkadiern in Thelpusa Poseidon als Hippios benannt sei,
setzt die Haupttendenz der Erzählung, die Existenz
dieses Cultes zu motiviren, für jeden Unbefangenen
ausser Zweifel.

Was nun endlich die landschaftliche Verbreitung
des Demetercultes betrifft, so bedarf es nur eines Rückblicks auf das, was wir an verschiedenen Stellen unserer
Untersuchungen darüber angeführt haben, um zu erkennen, dass überall, wo sich alter Hermesdienst nachweisen lässt, oder aus andern Gründen die ehemalige Sesshaftigkeit altargivischer Volkselemente angenommen werden muss, auch Demeter von Alters her verehrt worden
ist. Es finden also auch von dieser Seite her die historischen Gesichtspuncte, welche uns bei unsern Forschungen geleitet haben, ausreichende Bestätigung.

§. 15.

Schluss.

Ueberblicken wir zum Schlusse noch einmal kurz
die Ergebnisse unserer Untersuchungen sowohl für die
Geschichte als für die Religionsgeschichte. In einer Zeit,
welche etwa ein Jahrhundert vor dem ersten Auftreten
des Achäischen Stammes liegt, liess sich der altargivi-

---

[1] Paus. VIII, 42.

sche Stamm — einer der vordersten unter den eingewanderten Hellenischen Stämme — in Thessalien nieder, dem von ihm in Besitz genommenen Theile dieser Landschaft den Namen Argos beilegend. Von dem nachrückenden Stamme der Aeoler bedrängt, wanderte er nach dem Süden und gewann neue Sitze theils in Böotien, wo er unter dem Namen *Καδμεῖοι* erscheint, theils in Eleusis und in der Peloponnesischen Landschaft Argolis, die ihren Namen von ihm empfing. Bis zu der Zeit, wo die grosse Bewegung begann, welche durch die Einwanderung der Thessaler ihren ersten Anstoss erhielt, sass er in diesen Sitzen ungestört und in solchem Ansehen, dass Mittelgriechenland und Peloponnes nach seinen Gottheiten benannt wurden (*Εὐρώπη* und *Ἄργος*). Als aber der Achäisch-Aeolische Stamm und nach diesem die Böoter aus Thessalien hervorbrachen, da ging zunächst der Kadmeische Stammeszweig in Trümmer; durch die Dorische Wanderung verloren dann auch die *Ἀργεῖοι* von Argolis ihre politische Existenz. Etwas länger behauptete der in Eleusis angesiedelte Stammeszweig seine Unabhängigkeit, verlor sie jedoch auch bald durch Zuwanderung der durch die Dorier aus dem Peloponnes vertriebenen Kaukonen, und als diese, um dem Vordringen der Böoter Halt zu gebieten, von den Athenern zu Hülfe gerufen wurden, trat Eleusis in eine dauernde Staatsgemeinschaft mit Attika, die freilich dem alten Culte der Eleusinier nicht nur eine gewisse Sonderexistenz beliess, sondern auch allmählich über die Grenzen eines Localcultes hinaus Anerkennung verschaffte.

Was nun die Religion anbetrifft, so hatte der altargivische Stamm aus dem Gemeingute des Hellenischen Urvolks die Vorstellung von einem in den Himmelserscheinungen und namentlich in den Veränderungen der Jahreszeiten wirksamen männlichen Gotte, dem wahrscheinlich eine weibliche Gottheit als Vertreterin der weiblichen Interessen zur Seite stand, als Erbtheil mitgenommen. Da er indessen schon früh dem Ackerbau mit Vorliebe sich zugewandt hatte und in Griechenland, so lange seine Kraft nicht gebrochen war, überall wieder einen für diese Beschäftigung geeigneten Boden zu finden verstand, so mussten die ererbten religiösen Vorstellungen sich dem entsprechend modificiren. Der Gott gewann je mehr und mehr eine Beziehung auf die durch ihre Wanderungen am Himmelsgewölbe den Jahreslauf regelnde und durch ihre belebenden Strahlen die Vegetation weckende Sonne und wurde mit entsprechenden Namen und Symbolen ausgestattet. Die Göttin gab ihre physische Farblosigkeit auf und trat als Mond- und Erdgöttin dem Gemahl in ebenbürtiger Stellung zur Seite. In der Verbindung beider zu einer fruchtbaren Ehe und in der Trennung dieser Ehe sah man jetzt den Grund des alljährlich sich wiederholenden Wechsels der fruchtbaren und unfruchtbaren Jahreszeit und erhob diese beiden Acte zu Angelpuncten des Mythus und Cultus.

Als jedoch die politische und sociale Existenz der Altargiver durch nachrückende Stämme arg erschüttert und schliesslich ganz vernichtet wurde, da verfiel auch ihre Religion der Degeneration. Beide Gottheiten wurden aus einander gerissen, der Gott musste sich in eine untergeordnete und verkümmerte Stellung herabdrücken lassen, und auch die Göttin konnte nur unter mannigfaltiger Modification ihres Wesens und im Anschluss an eine fremde Göttin sich behaupten und erst allmählich unter dem Einflusse anderer politischen Verhältnisse wieder eine gehobenere Stellung gewinnen.

Aus dem Verlag von **Vandenhoeck & Ruprecht** in Göttingen.

Kiene, A., Die Composition der Ilias des Homer. 26 Bog. gr. 8.
mit 2 Kupfertafeln. 1864. 2 Thl.

Klippel, G. H., Commentatio exhibens doctrinae Stoicorum
ethicae atque christianae expositionem et comparationem. 1 Thl,
herabges. Preis 10 Gr.

———— De Diogenis Laertii vita, scriptis atque in historia philo-
sophiae graecae scribenda auctoritate. 4. 10 Gr. herabges. Preis 4 Gr.

Krische, A. B., Ueber Cicero's Academica. gr. 8. 11¼ Gr.

———— Ueber Platon's Phaedros. gr. 8. 20 Gr.

Lange, L., Die Oskische Inschrift der Tabula Bantina und
die Römischen Volksgerichte. 6 Bogen. gr. 8. geh. 15 Gr.

———— Das System des Apollonios Dyskolos. 8. Bog. 10 Gr.

———— Historia mutationum rei militaris Romanorum inde ab inte-
ritu rei publicae usque ad Constantinum magnum libri III. 4 maj. 25 Gr.

———— Hygini Gromatici liber de munitionibus castrorum. Textum
ex codicibus constituit, prolegomena, commentarium, tabulas II, indicem ad-
jecit. gr. 8. 1¼ Thl.

Lattmann, J., Die Frage der Concentration in den allgemeinen
Schulen, besonders im Gymnasium. 22 Bog. gr. 8. 1½ Thl.

Lattmann, J., und H. D. **Müller,** Lateinische Schulgrammatik.
Zweite verb. Aufl. 21 Bog. gr. 8. 25 Gr.

———— Kleine lateinische Grammatik. Zweite verb. Aufl.
14 Bog. gr. 8. 10 Gr.

Metropulos, P., Geschichtliche Untersuchungen über die Schlacht bei
Mantinea. 4 Bog. gr. 8. geh. 8 Gr.

———— Ueber das Lacedämonische und griech. Heerwesen. 8 Bog.
gr. 8. geh. 20 Gr.

Meyer, Leo, Bemerkungen zur ältesten Geschichte der griech.
Mythologie. 5 Bog. gr. 8. 10 Gr.

Müller, C. Ottfried, Prolegomena zu einer wissenschaftlichen
Mythologie. 1 Rthl. 15 Sgr.

———— Minervae Poliadis sacra et aedem in arce Athenarum
illustravit. 1 Rthl.

Müller, H. D., Mythologie der griechischen Stämme. 1. Theil. Die
griech. Heldensage in ihrem Verhältniss zur Geschichte und Religion. 20 Bog.
gr. 8. 1¼ Thl. 2. Theil 1. Abth. Die Religion des Achaeischen Stammes. 14 Bog. gr. 8. 1¼ Thl. II. Theil. 2. Abth. Hermes und Demeter.
13 Bog. 1½ Thl.

Müller, H. D., und J. **Lattmann,** Griechische Formenlehre für
Gymnasien. 9 Bog. Lex.-8. 16 Gr.

Müller, Wilh., Geschichte und System der altdeutschen Religion.
27 Bog. gr. 8. 1 Rthlr. 20 Sgr.

Aus dem Verlag von Vandenhoeck & Ruprecht in Göttingen.

Plauti, Truculentus, cum apparatu critico Guilelmi Studemund et epistula ejusdem de codicis Ambrosiani reliquiis edidit, illustravit Andreas Spengel. 10 Bog. gr. 8. 25 Gr.

Roscher, Wilh., Leben, Werke und Zeitalter des Thukydides, mit einer Einleitung zur Aesthetik der historischen Kunst. gr. 8. 2½ Thl.

Rost, V. Chr. Fr., Griechische Grammatik (die grosse). 7. umgearbeitete Auflage. 54 Bog. gr. 8. geh. 2 Thl.

—— Deutsch-Griechisches Wörterbuch, bearb. von Dr. F. Berger. 4. durchaus umgearb. u. verb. Aufl. 83 Bog. Lex.-8. 6 Thl.

Ruprecht, L., Die deutsche Rechtschreibung vom Standpunkt der historischen Grammatik. 2. umgearb. Aufl. 9 Bog. gr. 8. geh. 20 Gr.

Schmidt, C. G., de rebus Milesiorum, inde ab urbe condita usque ad A. 490. A. C., a Persis diruta est. 4 Bog. gr. 8. 10 Gr.

Schneidewin, Fr. Guilelm. Heraclidis politiarum, quae extant. Recensuit et commentariis instruxit. 8 maj. 1 Thl.

—— Die Homerischen Hymnen auf Apollon. gr. 8. 12½ Gr.

—— Incerti Auctoris de figuris vel schematibus versus heroici. Editio in Germania princeps. gr. 8. geh. 15 Gr.

—— Delectus poesis Graecorum elegiacae, iambicae, melicae. Sect. I. poetas elegiaci. 8 maj. 20 Gr. Sect. II. & III. poetas iambici et melici. 25 Gr.

Spengel, Andreas, T. Maccius Plautus. Kritik, Prosodie, Metrik. 16 Bog. gr. 8. 1865. 1 Thl.

Stein, H. v., Sieben Bücher zur Geschichte des Platonismus. Untersuchungen über das System des Plato und sein Verhältniss zur späteren Theologie und Philosophie. I. Thl. Vorgeschichte und System des Platonismus. 45 Bog. gr. 8. 2 Thl. II. Thl. Verhältniss des Platonismus zum klassischen Alterthum und zum Christenthum. 23 Bog. gr. 8. 4 Thl.

Virgilii horae succisivae, seu eclogae rusticae, Dorico carmine donatae a Guil. Banckes. Aus dem Original der Gött. Univ.-Bibliothek herausg. von Dr. W. Müldener. 3 Bog. 8. 10 Gr.

Wieseler, Fr., Theatergebäude und Denkmäler des Bühnenwesens bei den Griechen und Römern. 50 Bogen Text und 14 Kupfertafeln in gr. Folio. n. 9 Rthlr. 20 Gr.

—— Ueber die Thymele des griechischen Theaters. Eine archäologische Abhandlung. gr. 8. 12½ Gr.

—— Das Satyrspiel, nach Maassgabe eines Vasenbildes dargestellt. gr. 8. geh. 1 Thl.

—— Das Diptychon Quirinianum zu Brescia. Nebst Bemerkungen über die Diptycha überhaupt. 3 Bog. Lex.-8. mit zwei Kupfertafeln. 20 Gr.

Druck der Univ.-Buchdruckerei von E. A. Huth in Göttingen.

www.ingramcontent.com/pod-product-compliance
Lightning Source LLC
Chambersburg PA
CBHW020917230426
43666CB00008B/1476